Kinder- und Jugendpartizipation

Hilf mir, es selbst zu tun. Zeig mir, wie es geht.

Tu es nicht für mich, ich kann und will es allein tun.

Hab Geduld, meine Wege zu begreifen.

Sie sind vielleicht länger, vielleicht brauche ich mehr Zeit,

weil ich mehrere Versuche machen will.

Mute mir auch Fehler zu, denn aus ihnen kann ich lernen.

(Montessori & Becker-Textor, 1995, S. 26)

Christine Schweizer

Kinder- und Jugendpartizipation

Eine Evaluation kommunaler
Pilotprojekte
im Regierungsbezirk Freiburg.

Bibliografische Information der Deutschen Nationalbibliothek:

Die Deutsche Nationalbibliothek verzeichnet diese Publikation in der Deutschen Nationalbibliografie; detaillierte bibliografische Daten sind im Internet über http://dnb.dnb.de abrufbar.

Herstellung und Verlag: BoD – Books on Demand, Norderstedt

ISBN: 978-3- 7494- 5092-3

Inhaltsverzeichnis

Abbildungsverzeichnis

Tabellenverzeichnis

1 Einleitung

Eine zentrale Frage und Herausforderung in den Politik- und Verwaltungswissenschaften besteht darin, wie Demokratie und insbesondere Lokalpolitik organisiert sein muss, um aktuelle Chancen ergreifen und Herausforderungen bewältigen zu können. In Artikel 28 des Grundgesetzes und durch Landesgesetze (vgl. u.a. §§ 1, 2 GemO, Baden-Württemberg) ist die Stellung der lokalen Politik in Deutschland als kommunale Selbstverwaltung definiert. Jedoch wird die kommunale Selbstverwaltung durch Bundesgesetze und vielfältige Programme beeinflusst, wie beispielsweise dem Bund-Länder-Kommissionsprogramm „Demokratie lernen und leben" (2002–2007). Trotzdem ist die Bedeutung der lokalen Politik nicht zu bestreiten, schließlich stellt sie die direkteste Verbindung der Politik zum Bürger dar. Seit einigen Jahren befindet sich die repräsentative Demokratie in einer postdemokratischen[1] Krise, welche sich durch Desinteresse, Gleichgültigkeit und Ablehnung bemerkbar macht (vgl. Jörke, 2003; Kronauer & Siebel, 2013). Dieser Trend zeigt sich auch in sinkenden Wahlbeteiligungen und Parteimitgliederzahlen sowie einer Neigung zu Populismus (Hetherington & Husser, 2012).

Parallel steigt die soziale Ungleichheit, obwohl Gleichheit zu einem Grundversprechen von Demokratie zählt. Es kommt zu einer Ungleichverteilung von wertvollen Gütern, wie Einkommen, Macht und Bildung (Hradil, 2005). So sind Interessen von sozial schwachen Gesellschaftsgruppen in bestehenden politischen Parteien meist nicht vertreten. Mögliche Begründungen könnten in dem geringen Machtzuwachs für Parteien sowie fehlendem Lobbyismus in

---

[1] vgl. Crouch, (2004): „People may feel vaguely aware that they have little understanding of what is going on in government and politics, and they may feel bewildered that all they hear about are political personalities, scandals and inflated bits of trivia. But the trail back from there to the logic of a certain kind of fast-moving market is impossible for them to find." (S. 48)

politischen Debatten und Entscheidungsprozessen liegen. (Linden, 2013; Urbinati & Warren, 2008)

Diese Feststellung führt zu einem Bedeutungszuwachs von alternativen Demokratietheorien, wie deliberative und partizipative Ansätze. (Habermas 1981, Papadopoulos & Warin 2007; Schmidt 2010) Zusammenfassend kann von beteiligungszentrierten Demokratietheorien und Methoden gesprochen werden (vgl. Kapitel: 2.1). Durch aktive, niederschwellige, transparente und nachhaltige Beteiligung an allen bürgerrelevanten, politischen Entscheidungen soll politisches Interesse und Engagement geweckt werden. Durch Austausch- und Partizipationsprozesse können demokratische Fähigkeiten, Einstellungen und soziales Verhalten erlernt werden. Aufgabe der Kommunalpolitik und -verwaltung ist es, innerhalb des vorgegebenen rechtlichen Rahmens Zugänge zu ermöglich, dass sich Bürger artikulieren und einbringen können. Trotz großen gesellschaftlicher Herausforderungen, wie dem demographischen Wandel, der Globalisierung, Privatisierungen, steigendem Wettbewerb, der großen Aufgabenflut von Kommunen und damit zusammenhängenden Steuerungsproblemen sowie geringer finanzieller Spielräume, müssen Voraussetzungen für Bürgerbeteiligung geschaffen werden (Schieren, 2010). Das gilt nicht nur für Erwachsene, sondern vor allem auch für Kinder und Jugendliche. Nur wenn Beteiligung früh verankert wird, schon junge BürgerInnen lernen Entscheidungen und Verantwortung zu übernehmen, dann können Lernorte für Demokratie und bürgerschaftliches Engagement entstehen. Kinder und Jugendlichen sind die Zukunft der Demokratie und deshalb ist es umso relevanter, dass sie in ihrem Lebensumfeld, in Städten oder Gemeinden, frühzeitig die Chance erhalten das Gemeinwesen in einem altersangepassten Rahmen aktiv mitzugestalten (Staatsministerium Baden- Württemberg, 2014; Bundesministerium für Verkehr und digitale Infrastruktur (BMVI), 2014; vgl. Kapitel: 2.2). Durch die Einführung des kommunalen Wahlrechts ab 16 Jahren wurde Jugendlichen in Baden-Württemberg im Jahr 2013 ein höherer politischer Einfluss zugesprochen. Seit der Einführung des

Paragraphen 41a der Gemeindeordnung im Oktober 2015 ist Jugendbeteiligung auf kommunaler Ebene zudem als Pflichtaufgabe verankert. Auch in der Schule haben die Themen Kommunalpolitik und Partizipation durch die Einführung des neuen Bildungsplans im Jahr 2016 einen erhöhten Stellenwert erhalten (Landesinstitut für Schulentwicklung, Bildungsplan des Gymnasiums bzw. der Sekundarstufe, 2016, S.5). In Folge dessen haben sich einige Kommunen und Schulen auf den Weg gemacht, passgenaue Konzepte für Kinder- und Jugendbeteiligung zu entwickeln (vgl. Kapitel: 2.3).

In Zusammenarbeit mit der Landeszentrale für politische Bildung Baden-Württemberg und dem Regierungspräsidium Freiburg werden im Rahmen der vorliegenden Arbeit sechs Pilotprojekte aus Südbaden evaluiert (vgl. Kapitel: 2.4). In allen Projekten spielt die Kooperation von Kommune und Schule eine entscheidende Rolle. So steht auch die Vernetzung von Beteiligungs- und Demokratiebildung, der Erwerb von damit zusammenhängenden Kompetenzen sowie aktive Mitbestimmung im Fokus.

Damit untersucht die folgende Evaluation die Voraussetzungen gelingender Kinder- und Jugendbeteiligung (vgl. Kapitel: 3). Evaluiert werden in einem Mixed-Methods-Design die Relevanz, der Umfang und die Qualität von Beteiligungsprozessen (vgl. Kapitel: 4). Die Ergebnisauswertung findet anhand einer qualitativen Inhaltsanalyse sowie einer explorativen Faktorenanalyse statt (vgl. Kapitel: 5).

Abschließend werden in Leitlinien Qualitätskriterien und Rahmenbedingungen für Kinder- und Jugendbeteiligung zusammengefasst (vgl. Kapitel: 6).

2 Theoretische und empirische Grundlagen

Zu Beginn dieser Arbeit wird auf die theoretischen und empirischen Grundlagen von Demokratiebildung und Partizipation eingegangen. Dabei liegt der Fokus vorerst auf beteiligungszentrierten Demokratietheorien sowie Modellen der Partizipation. Anschließend werden sechs Beteiligungsprojekte aus dem Regierungsbezirk Freiburg vorgestellt.

2.1 Beteiligungszentrierte Demokratietheorien

Im Folgenden werden beteiligungszentrierte Theorien vorgestellt. Im Fokus dieser Theorien steht die Einbeziehung aktiver BürgerInnen zur Bewältigung aktueller politischer und gesellschaftlicher Herausforderungen. Neben dem Empowerment und der gemeinsamen Entscheidungsfindung steht bei vielen Autoren die Reduktion sozialer Benachteiligung im Vordergrund. Durch öffentliche Kritik an der bestehenden Politik und Verwaltung der repräsentativen Demokratie sind schon in den 1960er und 1970er Jahren die ersten beteiligungszentrierten Theorien entstanden (Frevel & Voelzke, 2017).

Es gibt vielfältige deliberative und partizipative Demokratiemodelle. In der Literatur sind viele Definitionsversuche zu finden, folgend wird eine Minimaldefinition gegeben: Unter deliberativen Demokratiemodellen werden öffentliche Diskurse verstanden, welche durch einen Aushandlungsprozess zur gemeinsamen Entscheidungsfindung führen sollen (Gambetta, 1998). Partizipative Demokratiemodelle meinen hingegen die Beteiligung möglichst „vieler, über möglichst vieles" (Schmidt, 2010, S. 236). Im Vordergrund steht der Input, das Einbringen in und Beteiligen am politischen Prozess (Barber, 1984).

2.1.1 Deliberative Demokratiemodelle

Bereits 1961 hat Habermas den Grundstein für die Theorie der Deliberation durch die Diskurstheorie gelegt. Habermas stellt die Gleichverteilung von Macht durch Partizipation in den Fokus. „Demokratie arbeitet an der Selbstbestimmung der Menschheit, und erst wenn diese wirklich ist, ist jene wahr. Politische Beteiligung wird dann mit Selbstbestimmung identisch sein" (Habermas et al. 1961, S. 15).

Wie auch in den Theorien des Kommunitarismus befürchtet Habermas negative Folgen zunehmender Individualisierung. Im Kommunitarismus wird der Mensch als soziales Wesen in einem sozialen Kontext gesehen. Ziel ist es die Gemeinschaft unter modernen gesellschaftlichen Bedingungen zu fördern, um ein emotionales Zusammengehörigkeitsgefühl sowie gemeinsame Ziele und Werte zu etablieren. Jeder einzelne Mensch soll sich als Mitglied des Gemeinwesens mit seiner Bürgerrolle identifizieren (Ladwig, Bernd 2013). In diesem Zusammenhang sollen Ungleichheiten, welche sich bedingen, vermieden werden. Beispielweise sollen ungleiche Voraussetzungen in der Bildung nicht dazu führen, dass die Interessen der weniger Gebildeten in der Politik nicht oder schlechter vertreten werden (Walzer, 1992). Laut Habermas soll eine Beseitigung dieser Problematik durch institutionell organisierte Diskurse der Entscheidungsfindung erfolgen. Als Grundlage für eine solche Entscheidungsfindung dient auch in der Deliberation ein Diskurs. Unter bestimmten Kontextbedingungen wird abwechselnd gesprochen, um gemeinsame Entscheidungen zu treffen. Um eine geeignete Sprechsituation zu bieten, sollen jegliche Zwänge vermieden oder zumindest minimiert werden. Die Gestaltung von Kommunikationsbedingungen, wie Fairness und Akzeptanz, sind hierbei entscheidend (Habermas, 1981). Durch Aushandlungs- und Entscheidungsfindungsprozesse unter Beteiligung von BürgerInnen soll die Legitimation von politischen Entscheidungen erhöht werden. (Papadopoulos & Warin, 2007) Habermas (1994) plädiert für eine Institutionalisierung solcher Verfahren, um der Öffentlichkeit Zugänge und Beratung für Beteiligungsprozesse zu bieten. In der

Theorie wird davon ausgegangen, dass die Bereitschaft an politischen Diskursen teilzunehmen durch Lokalbezug der Themen steigt. Dies spricht für die Dezentralisierung politischer Entscheidungen. Hierdurch steigt nicht nur die Verständigungsbereitschaft der BürgerInnen, sondern auch der Bezug und Handlungsdruck für die politischen Akteure. (Lamping et al., 2002) Zusammenfassend beschreiben deliberative Modelle beratende Diskurse unter demokratischen Grundvoraussetzungen. Der zwangfreien und fairen Koordination der Aushandlung heterogener Interessen liegt hierbei die Überzeugung zugrunde, dass sich das bessere Argument durchsetzt (Habermas, 1996). Voraussetzung für die Diskurspraxis bzw. dialogorientierte Methoden sind argumentative und diskursive Fähigkeiten sowie eine Verständigungsbereitschaft, welche erlernt und geübt werden sollten (Waldis, 2018, in Ziegler & Waldis 2018; Michels & Graf, 2010; Talpin, 2013, in: Geißel & Joas, 2013).

KritikerInnen werfen deliberativen Demokratietheorien vor, dass der Diskurs hin zu einem Konsens einseitig und nicht wertneutral sei. Außerdem gebe es keine Theorie zur Organisation von Institutionen, in der es möglich ist, in einem größeren Rahmen eine zwangsfreie Sprechsituation zu ermöglichen, welche unfaire und manipulative Verhaltensweisen ausschließt. (Schmidt, 2010). Daher ist fragwürdig, ob alleine durch Deliberation Themen sozialer Benachteiligung sowie kultureller und sozialer Differenzen gelöst werden können (Young, 1996: in Ziegler & Waldis, 2018). Hierfür fehlt wiederum eine nachhaltige Verankerung in Institutionen. Deshalb haben die meisten deliberativen Modelle für die Praxis nicht die erwünschte Wirkungstiefe.

2.1.2 Partizipative Demokratiemodelle

„Habermas eher abstrakte Theorien bilden einen Orientierungspunkt für viele partizipationsorientierte Überlegungen" (Hahn-Laudenberg, 2016, S. 29). Andere partizipative Demokratietheorien stellen die aktiven Beteiligungsmöglichkeiten von BürgerInnen in den Fokus.

Hierbei geht es nicht nur - wie in deliberativen Modellen - um die reine Konsensfindung, sondern um die Teilhabe am politischen Geschehen. Eine der partizipativen Theorien geht auf Barber zurück, der im Vergleich zu Habermas abstrakter Theorie ein konkreteres Modell beschreibt. Er spricht dabei von einer Form der Regierung, an der alle Menschen teilhaben können. Das Mindestmaß an Beteiligung umfasst alle öffentlichen Belange innerhalb bestimmter Zeiträume (Barber, 1984). Als geeigneten Entscheidungsraum definiert Barber die kommunale Ebene und schließt sich so vielen anderen TheoretikerInnen an. Barber erwähnt in diesem Zusammenhang schon 1984 den Einsatz von neuen Medien. Barber und Maus (1994) zeigen parallelen zu Russeaus (1977) direkter Demokratietheorie auf, in welcher die Judikative im Vordergrund steht. Sie betonen, dass Partizipation notwendig sei, um die „Volkssouveränität zu erhalten und Gesetze im Sinne eines bürgerschaftlichen Gemeinwillens beziehungsweise Gemeinsinns zu beschließen" (Barber & Maus in: Frevel & Voelzke, 2017, S. 102-104).

Auf die Frage, wer wie beteiligt werden kann, antwortet Schmidt (2010, S.236): „Möglichst viele über möglichst vieles". Dabei ist nicht nur das Teilhaben, -nehmen und -geben inbegriffen, sondern auch das Teil-sein und Anteil-nehmen am aktuellen Geschehen einer Gesellschaft (ebd.).

Die meisten beteiligungszentrierten Demokratiemodelle beinhalten Ziele, wie das Erlangen von Selbstbestimmung, Haltungsnormen, gleichmäßiger Machtverteilung, Chancengleichheit und Gemeinwohlorientierung (Habermas et al., 1961; Weber, 2012; Biegelbauer & Kapeller, 2017). Weber (2012) ergänzt drei weitere Dimensionen, welche in den meisten partizipativen Demokratietheorien berücksichtigt werden: Die instrumentelle, die intrinsische und die transformative Dimension. Die instrumentelle Dimension umfasst hierbei die Wahl der politischen RepräsentantInnen und damit die Beeinflussung der politischen Inhalte. Die intrinsische Dimension beinhaltet Kriterien, welche dem Selbstzweck (beispielsweise der Selbstverwirklichung) der beteiligten Personen zugutekommen. Die dritte, transformative

Dimension umfasst alle erzieherischen oder bildenden Elemente. Dabei wird davon ausgegangen, dass durch die Beteiligung beispielsweise das Demokratie- oder Verantwortungsbewusstsein bei einzelnen BürgerInnen gefördert beziehungsweise gestärkt wird.

Dewey bringt 1916 einen neuen Aspekt in die beteiligungszentrierten Demokratietheorien mit ein: „A democracy is more than a form of government; it is primarily a mode of associated living, of conjoint communicated experience" (Dewey 1916, S. 10). Deweys facettenreicher Demokratiebegriff schließt außer dem Zusammenleben erstmals die Erziehung mit ein. Demokratie ist somit ein soziales Konstrukt der Gemeinschaft. Dabei geht es seiner Ansicht nach um die Selbstbestimmung und -verwirklichung der einzelnen BürgerInnen der Gemeinschaft. Dewey nutzt den Schulkontext als Bildungsort und Erfahrungsraum für Demokratie. So sind Selbstbestimmung und Entfaltung in Lernprozessen in Deweys Ansatz zentrale Elemente. Jedoch kann es als kritisch angesehen werden, dass die Mitbestimmung sich nur auf Lernform und -inhalte bezieht und nicht auf die Beteiligung an der Institution Schule, beispielsweise dem Schulleben (Bohnsack, 2004).

Kritik an Deweys Ansatz richtet sich zudem auf die aufwändige Durchführung sinnvoller und nachhaltiger Teilhabe bei gesellschaftlich komplexen Themen. In dem Zusammenhang wird von verschiedenen KritikerInnen die große Anforderung an Beteiligte genannt. Um bei schwierigen Inhalten nicht überfordert zu sein, braucht es Voraussetzungen, wie Information und Bildung (Wilson/Hansen 2009). Personen, die von kollektiven Entscheidungen betroffen sind, benötigen demokratische und partizipative Fähigkeiten (Michels & Graf, 2010, S. 480). Außerdem ist eine gewisse Motivation Grundvoraussetzung. Wenn BürgerInnen zu Partizipation verpflichtet würden, würde man der Person das Recht auf Freiheit verwehren.

2.1.3   Beteiligungs- und Demokratiebildung

Beteiligung und politische Bildung sind für das Bestehen der Demokratie und die Entwicklung der Gesellschaft essenziell. Die Notwendigkeit einer Demokratiebildung verdeutlicht auch die deutsche Geschichte des 20. Jahrhunderts. Es war damals - und ist auch heute noch – eine wichtige gesamtgesellschaftliche Aufgabe, ein Bewusstsein für Demokratie und die damit verbundene Form des Zusammenlebens zu schaffen (Patzelt, 2005). Im Folgenden wird von Demokratiebildung, anstatt von Demokratieerziehung gesprochen, da der Erziehungsbegriff politische Beeinflussung und Durchsetzung von Autokratie implementieren könnte.

Fuchs und Roller (2016) behaupten, dass BürgerInnen meist nicht die Form der Demokratie in Frage stellen, sondern die Umsetzung der Demokratie. Sie würden an politischen Institutionen zweifeln, ihnen kein Vertrauen schenken oder sich nicht dafür interessieren. Daraus könnte abgeleitet werden, dass sich BürgerInnen bei steigender (öffentlicher) Kritik am politischen System, zunehmend für Veränderung einsetzen oder politisch engagieren. Dies ist jedoch in der Praxis nicht der Fall (Greven, 2005). Um die Demokratie stabil zu halten, ist es daher wichtig, dass BürgerInnen Zugang zu politischer Bildung erhalten. Eine Voraussetzung dafür ist es, dass alle BürgerInnen einbezogen werden und an Partizipationsprozessen teilnehmen können, damit möglichst viele Interessensgruppen vertreten sind (Schäfer et al. 2013).

Bildungsauftrag ist somit Wissensvermittlung. Aber auch Vertrauen und Zugang zu politischen Institutionen sind Bedingungen für die Partizipation. Außerdem geht es um das Erlernen von politischer Mündigkeit, Verantwortungsübernahme und Engagement (Greve, 2005; Hefti 2008).

Im folgenden Kapitel wird auf Demokratiebildung durch, und als Voraussetzung für, aktive Bürgerbeteiligung eingegangen.

2.1.4 Politische Bildung und Partizipation

Im Folgenden wird dargelegt, welche Rolle politische Bildung im Zusammenhang mit Partizipation spielt und wie eine Implementierung in der Praxis aussehen könnte.

Nach Ansicht zahlreicher ExpertInnen sollte Demokratiebildung lebenslang erfolgen (vgl. Osler, 1997; Sturzenhecker 2015). Bisher wurde diese Forderung jedoch nur teilweise oder nicht erfüllt (Deutsches Institut für Erwachsenenbildung, 2014; Greven 2005).

Es gibt in Deutschland eine Vielzahl unterschiedlicher Träger und Anbieter politischer Bildung. Grundlage der politischen Bildung in der Bundesrepublik Deutschland ist das „Werte- und Demokratieverständnis der freiheitlich demokratischen Grundordnung des Grundgesetzes" (Bundesministerium des Inneren, 2018). Das Bundesministerium des Inneren (2018) definiert folgende Ziele der politischen Bildung: Durch Wissens- und Kompetenzvermittlung, sollen BürgerInnen lernen Situationen zu reflektieren, Urteile zu bilden und eigenständige Entscheidungen zu treffen. Außerdem geht es darum, Verantwortung für sich und die Gesellschaft zu übernehmen und so Einfluss auf politische Prozesse zu nehmen.

Unterschiedliche freie Träger fur politische Bildung sorgen für Pluralität. Vielfältige Inhalte und Interessen werden beispielsweise von zivilgesellschaftlichen oder politischen Stiftungen, Volkshochschulen, Gewerkschaften, Vereinen, Wohlfahrtseinrichtungen oder den Landkreisen vermittelt. Viele davon werden vom Staat finanziell gefördert. Dem gegenüber stehen autonome parteinahe Stiftungen, welche selbstständig, aber im Auftrag des Staates handeln (Kalina, 2014).

Darüber hinaus gibt es Bildungseinrichtungen, welche vom Staat getragen werden. Dazu gehören unter anderem die Bundeszentrale und die Landeszentralen für politische Bildung, welche dem Bundesministerium des Inneren unterstellt sind. Als die Bundeszentrale für politische Bildung 1952 gegründet wurde, sollte diese vorrangig ein Bewusstsein für ein tolerantes, friedvolles und demokratisches Zusammenleben etablieren. Durch unterschiedliche Angebote soll das politische Interesse der BürgerInnen geweckt, informiert, Prozesse diskutiert und gesellschaftliche Zusammenhänge erklärt werden. Durch verschiedene Kooperationspartner, wie beispielsweise die Landeszentralen oder die Medien, soll eine Pluralität geschaffen werden, sodass möglichst viele Bevölkerungsgruppen angesprochen werden. Ganz im Sinne des lebenslangen Lernens gibt es Programme für alle Altersstufen, beginnend im Kindergartenalter bis hin zu Angeboten für SeniorInnen. Zentral bei der didaktischen Umsetzung dieser Formate ist der „Beutelsbacher Konsens", welcher sich auch auf andere staatliche Bildungseinrichtungen übertragen lässt. Dieser Konsens besteht aus drei zentralen Standpunkten: Bildungsangebote unterliegen erstens einem Überwältigungsverbot. Das heißt jeder/jede TeilnehmerIn hat die Chance, eine eigene Meinung zu entwickeln ohne manipulativ beeinflusst zu werden. Anstatt der Indoktrination steht somit die Entfaltung der Mündigkeit im Fokus. Der zweite – und aus dem ersten folgende – Standpunkt besagt, dass alle relevanten, aktuellen und divergenten Inhalte und Ansichten aus Politik und Wissenschaft aufgrund von Antidiskriminierung, Emanzipation, Toleranz und Neutralität nicht ausgeschlossen werden dürfen. Der dritte Standpunkt trägt dazu bei, dass Kinder und Jugendliche aber auch erwachsene Personen handlungsfähig bleiben, indem sie die Kompetenz besitzen oder erlernen, politische und persönliche Situationen zu analysieren (Bundeszentrale für politische Bildung, 2003, 2011).

Doch wie und wo kann politische Bildung in Kooperation mit Partizipationsprojekten durchgeführt werden, sodass möglichst alle BürgerInnen erreicht werden. Naheliegend ist, dass hier die Schulen eine entscheidende Rolle spielen. Aufgrund der Schulpflicht (§ 72 Abs. 1 Satz 1 Schulgesetz) besteht die Möglichkeit bei vielen jungen BürgerInnen politisches Interesse an einer demokratische Auseinandersetzung zu wecken. Mündigkeit und Wertebildung in Bezug auf demokratisches Denken und Handeln in der komplexen

Welt der Politik steht als Bildungswert an zentraler Stelle. Leitgedanken des Bildungsplans sind neben Methoden-, Analyse- und Urteilskompetenzen vor allem auch Handlungskompetenzen. „Oberstes Ziel der politischen Bildung ist die Förderung des mündigen Bürgers, der politisch interveniert und sich so ‚in seine eigenen Angelegenheiten einmischt' (Max Frisch). Politische Bildung erstreckt sich nicht nur auf die Bereiche der Analyse und des politischen Urteils, sondern beinhaltet auch die Ebene des simulativen und des praktischen politischen Handelns." (Bildungsplan des Gymnasiums bzw. der Sekundarstufe, 2016, S.5) Lernziele der Handlungskompetenzen sind beispielsweise, dass die SchülerInnen „Interessen, Urteile und Entscheidungen – auch aus Minderheitenpositionen heraus – sachlich und überzeugend vertreten", Perspektivwechsel beherrschen oder „in politischen Kontroversen konfliktfähig sind, aber auch Kompromisse schließen" können (Bildungsplan des Gymnasiums bzw. der Sekundarstufe, 2016, S.11). Dabei wird als Übungsumfeld auf das Mitwirken in Entscheidungsprozessen der Schule, jedoch auch auf außerschulische Lernorte, wie beispielsweise dem Rathaus hingewiesen.

Es sollte nicht außer Acht gelassen werden, dass es wichtig ist, Jugendliche zu motivieren und zu ermutigen diesen Weg zu gehen. Viele KritikerInnen und WissenschaftlerInnen beschreiben, dass gerade die Einstellung und Motivation von SchülerInnen die wichtigste Dimension ist. Relevant ist auch, ob es bereits niederschwellige Zugänge zur Politik vor Ort gibt und SchülerInnen die Möglichkeit haben, Partizipation nicht nur theoretisch zu erlernen, sondern auch in der Realität zu erfahren (Gürlevik et al. 2016, Detjen et al. 2014; Weißeno et al. 2010, Lotz et al, 2017).

Auch die Anzahl der insgesamt erteilten Unterrichtsstunden (der Mittelwert liegt zwischen 167 und 215 Unterrichtsstunden je nach Schulform; vgl. Abbildung 2.1:1) während einer Schullaufbahn ist Indiz dafür, dass schulische politische Bildung es alleine nicht bewerkstelligen kann, politisches Interesse zu wecken sowie eine demokratische Auseinandersetzung bei den jungen Menschen zu erreichen.

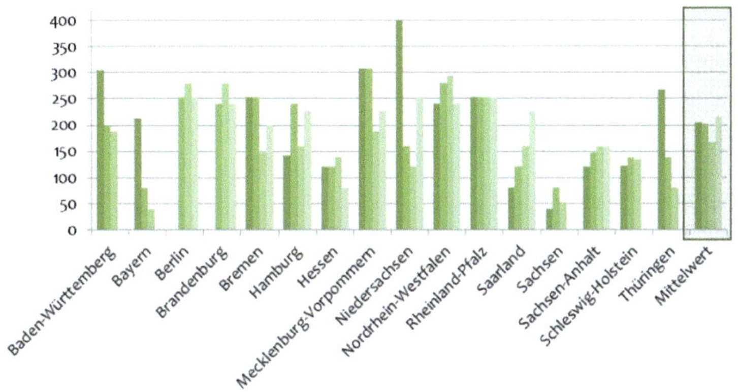

Abbildung 2.1:1: Anzahl der insgesamt erteilten Unterrichtsstunden in der unmittelbaren schulischen politischen Bildung während einer Schullaufbahn, Sollwerte, 2013, Kalina , 2014

Hedtke und Gökbudak (2018) stellen ähnliches fest: Im Ranking des zeitlichen Umfangs von politischer Bildung an allen Schulfächern (Stundentafeln: Schulfächer pro Wochenstunde) liegt Baden-Württemberg mit durchschnittlich 2,14 Prozent in den Gymnasien und durchschnittlich 2,6 Prozent an den sonstigen Schulformen knapp über dem Bundesdurchschnitt (Median: 2,36 Prozent) (ebd.). Eine aktuelle Studie von Schneider und Gerold (2018) zeigt, dass Demokratiebildung bei 61,6 Prozent der befragten LehrerInnen von mittlerer Bedeutung ist und lediglich bei 33,7 Prozent einen hohen Stellenwert hat.

Ein weiteres Argument dafür, dass schulische politische Bildung nicht alleine Interesse an Demokratie wecken und Partizipationsbereitschaft erreicht kann, zeigt die Studie von Wohnig (2017). Darin wird beschrieben, dass SchülerInnen in der Schule bei

Beteiligungsprozessen, wie Schülervertretungen oder Schulprojekten, häufig negative Erfahrungen sammeln. Sie erfahren in ihrem direkten Lernumfeld, welches eigentlich Partizipationsfähigkeiten vermitteln sollte, Frustration, Ohnmacht und Politikverdrossenheit. Das hat zu Folge, dass junge Menschen kein Vertrauen in Partizipationsmöglichkeiten aufbauen und sich davon distanzieren. Oser und Biedermann (2006) sprechen in diesem Zusammenhang sogar von Pseudopartizipation (In: Waldis & Ziegler, 2018). Eine Voraussetzung seitens politischer Institutionen für erfolgreiche Bürgerbeteiligung ist damit nicht nur eine Grundlagenvermittlung durch politische Bildung, sondern auch Flexibilität in politischen Prozessen und Entscheidungen. Lotz et al (2017) sprechen davon, dass Beteiligung und partizipative Demokratie in einer Wechselwirkung stehen. Nur wenn die Politik ergebnisoffen und kritikfähig ist, haben BürgerInnen tatsächlich die Chance sich einzubringen. So können Prozesse der direkten Demokratie nicht durchgeführt werden, ohne dass hochwertige Informationen, Vertrauen, Verantwortung und Entscheidungsbefugnisse an die Bevölkerung abgegeben werden. Beispielsweise sind im Jahr 2015 nach der Etablierung des § 41a in der Gemeindeordnung viel Jugendforen oder Jugendgemeinderäte ins Leben gerufen worden. Jedoch handelt es sich bei vielen bestehenden Beteiligungsformen um einmalige Veranstaltungen oder kleinere Vertretungen. Hier lauert die Gefahr, dass Jugendliche nicht nachhaltig partizipiert werden und in Ausschüssen nicht die gesamte Zielgruppe repräsentiert wird. Ziel sollte es jedoch sein, Zugangsvoraussetzungen zu Beteiligungsprozessen zu schaffen, sodass junge BürgerInnen die Möglichkeit haben, sich aktiv, niederschwellig und nachhaltig zu beteiligen. Neben der Vermittlung von demokratischem Grundwissen, steht die Verbindung mit demokratischer Praxis, Handeln und Erfahrungen im Fokus (Reinhardt, 2002; Widmaier, 2009, in Wohnig, 2016). Daher wird im folgenden Abschnitt auf die Kooperation zwischen Bildungseinrichtungen, Kommunalverwaltungen und Politik eingegangen.

2.1.5 Kooperation zwischen Bildungseinrichtungen und politischen Systemen

Im Bereich der Partizipation ist unter anderem die Kooperation und Kommunikation zwischen allen beteiligten Institutionen, insbesondere zwischen Bildungseinrichtungen, Verwaltung und Politik von großer Bedeutung (Reinhardt 2002). Die Vernetzung zwischen Schulen und politischen Institutionen ist dabei ein entscheidendes Element. Schulische politische Bildung kann auf Partizipation vorbereiten und Zugang zu ersten Beteiligungsprojekten in Kommunen schaffen. Dadurch besteht die Möglichkeit politisches Interesse zu wecken sowie demokratische Auseinandersetzung der BürgerInnen mit der Umwelt zu erreichen (Widmaier, 2009, in: Wohnig, 2016).

Zentrale Erfolgskriterien, welche sich in vielen Beteiligungskonzepten wiederfinden, sind neben einer engen Kooperation der Bildungseinrichtungen, Politik und Verwaltung, auch das Schaffen von Erfahrungs- und Handlungsspielräumen. Methodenvielfalt trägt dazu bei, dass möglichst alle Jugendlichen aus unterschiedlichen Lebenswelten erreicht werden. *ePartizipation,* welche digitale Medien und Kommunikationstechnologie nutzt, dient als Ergänzung der „offline"-Beteiligung (Macintosh & Whyte, 2006). Im gelungenen Prozess erfahren Jugendliche, neben der Vielfalt an Beteiligungsmöglichkeiten auch Selbstwirksamkeit, Wertschätzung und Anerkennung.

Dabei zählen Motivation und Interesse zu den wichtigsten Faktoren, damit sich SchülerInnen, aber auch Erwachsene selbständig für politische Prozesse interessieren und gegebenenfalls daran teilhaben (Delli Carpini & Keeter 1996: In Waldis & Ziegler, 2018). Detjen (2014) und Weißeno et al. (2010) ergänzen hierzu, dass darüber hinaus ein gewisses Maß an Selbstbewusstsein, Systemvertrauen und Bürgertugend relevant ist. Offen bleibt die Fragen, ob es ausreicht, dass SchülerInnen durch politische Bildung auf Partizipationsprozesse vorbereitet werden oder ob erst das praktische Einüben von Beteiligung zur Befähigung und zu einem

Kompetenzgewinn führt. In diesem Zusammenhang meint Lotz (2015): „Es ist das Versprechen, dass politische Bildung nicht nur die Menschen zu Partizipation befähigt, sondern auch daran mitarbeitet, dass sie realiter an der Demokratie beteiligt werden" (Lotz, 2015, S.37: In Waldis & Ziegler, 2018).

Aus diesen und anderen Gründen entwickelt sich aus der Partizipationserfahrung eine politische Identität. (Waldis, 2018) Bei positiven Erfahrungen kann diese zur Folge haben, dass BürgerInnen sich mit politischen sowie gesellschaftlichen Themen auseinandersetzen und beteiligen. Außerdem wurde beobachtet, dass die Affinität zu Beteiligung im Umfeld steigt und Personen, Institutionen sowie andere Gemeinden den Kontakt oder Anschluss zu Beteiligungsstrukturen suchen (vgl. Kirkpatrick & Kirkpatrick, 4-Ebenen-Modell, 2010; Schweizer, 2018; Schneider, 2018). Das wiederum erhöht auch die Legitimität und Effizienz des demokratischen Systems und der öffentlichen Verwaltung. Dadurch ist es möglich, unter Wahrung der repräsentativen Demokratie eine transparente und nachhaltig integrierte Beteiligungskultur zu schaffen.

Gerade durch den demographischen Wandel liegt es in der Verantwortung der jetzigen Generation, vor allem durch Personen aus politischen Systemen, Kinder und Jugendliche mit einzubeziehen und darauf vorzubereiten, dass sie in naher Zukunft verantwortlich für ein friedliches, demokratisches, soziales und respektvolles Miteinander sind. Daher wird vielfach dafür plädiert, dass Kinder und Jugendliche schon möglichst früh Kompetenzen erlernen und befähigt werden Themen mitzuentscheiden, welche sie betreffen (vgl. Staatsministerium Baden- Württemberg 2014; BMVI 2014; Allianz Vielfältige Demokratie 2017).

Im anschließenden Kapitel wird vertieft auf das Thema Partizipation sowie damit verbundene Strukturen, rechtliche Rahmenbedingungen, Ausprägungen und Qualitätskriterien eingegangen.

+

2.2 Partizipation

Partizipation ist in der Gesellschaft, in verschiedenen Kontexten und aus unterschiedlichen Blickwinkeln ein immer häufiger gebrauchtes Schlagwort. Im Folgenden soll ein Einblick gegeben werden, wie der Begriff definiert werden kann und welche Dimensionen bestehen. Kurz gehalten ist die nachfolgende Beschreibung allgemeinen formeller und informeller Beteiligungsverfahren. Der Fokus dieser Arbeit liegt auf dem Bereich der Kinder- und Jugendbeteiligung.

2.2.1 Begriffsklärung

Viele verschiedene Begriffe, wie Mitbestimmung, Teilhabe, Mitwirkung, Beteiligung und soziales bürgerschaftliches Engagement werden in Literatur und Diskussion synonym für Partizipation verwendet. Daran wird deutlich, wie unpräzise und mit welch unterschiedlichem Verständnis Partizipationsprozesse in Diskussionen und in der Praxis beschrieben und ausgeführt werden. Im Folgenden werden die Begriffe Partizipation und Beteiligung synonym verwendet.

Etymologisch kann man Partizipation aus dem lateinischen *partem capere* mit dem Wegnehmen/Ergreifen/Aneignen (capere) eines Teils (pars) herleiten. (Moser, 2010) Sturzenbecher und Hess (2005) definieren den Begriff mit Teilhabe, vor allem am politischen und gesellschaftlichen Leben. Jedoch beginnt Partizipation nicht erst wie ursprünglich verstanden im politischen Kontext (Reicher, 2009), sondern schon bei der freiwilligen Mitbestimmung und Beteiligung von Kindern am sozialen und ökonomischen Leben. (Spiegel, 2007) Zusammenfassend kann gesagt werden, dass Partizipation in unterschiedlichen Kontexten das Mitgestalten sowie -bestimmen von gesellschaftlichen Prozessen beschreibt (Lüttringhaus, 2000). Im Arbeitsfeld der offenen und kommunalen Kinder- und Jugendarbeit dagegen wird Partizipation zum einen als ein Handlungsprinzip verstanden. Junge Menschen haben die Möglichkeit mit Unterstützung einer Fachkraft, selbstständig Themen, Projekte oder

Angebote zu entwickeln, zu planen und durchzuführen. Hier ist vor allem ein Mehrwert für die Persönlichkeitsentwicklung des Individuums und die betreffende Gruppe gegeben. Junge Menschen erfahren Selbstwirksamkeit, Mitbestimmung und Mitverantwortung, was zu Identifikation, Einbindung und Anerkennung im entsprechenden Kontext führen kann (Reicher, 2009). Zum anderen ist Partizipation mehr als nur eine Handlungsoption im beruflichen Alltag. Sie soll die nötigen Rahmenbedingungen und Ressourcen bieten, damit Kinder und Jugendliche möglichst niederschwellig – das heißt nah an ihrer Lebenswelt – politische Entscheidungen mitbestimmen können und sich bei relevanten Themen beteiligen können. Ein weiterer Anspruch ist hierbei, dass sowohl die Teilnehmenden als auch die Fachkraft die Chance haben sich zu schulen, um Kompetenzen für Partizipationsprozesse zu erlangen. Das Vorgehen soll nachhaltig und vor allem wirksam gestaltet werden, sodass sich alle TeilnehmerInnen ernst genommen fühlen. In Evaluationen soll das Vorgehen des Prozesses und die Umsetzung der Ergebnisse überprüft werden (Flügge, Gerrits, Wenzel 2013). Damit ist auszuschließen, dass es nicht zu Alibi-Beteiligungen oder ähnlichem kommt (siehe Ausprägungen von Partizipation, 2.2). So kann Partizipation zu Demokratisierung, rücksichtsvollerem Handeln und mehr Transparenz in Gesellschaft, Institutionen sowie Kommunen führen (Hanselmann, 2011). Außerdem eroffnet Partizipation den Beteiligten Erfahrungsräume und Lernprozesse außerhalb von Schule oder Familie. Entscheidend ist auch, dass alle beteiligten Personen sowie deren Umfeld mit einbezogen werden. Beispielsweise ist es sinnvoll, dass bei einem Partizipationsprozess mit SchülerInnen, deren Eltern und Lehrer informiert und eventuell mit einbezogen werden. Auch von Seiten der Kommune sind neben Repräsentanten wie Bürgermeister oder Hauptamtsleiter auch Ämter und öffentliche Personen, die vom Prozess und den damit verbundenen Entscheidungen tangiert sind, zu berücksichtigen. Wie Beteiligung in der Praxis realisiert werden kann und welche Bedingungen damit zusammenhängen, wird im folgenden Abschnitt ausgeführt.

2.2.2 Formelle Bürgerbeteiligung

„Jeder hat das Recht, seine Meinung in Wort, Schrift und Bild frei zu äußern und zu verbreiten und sich aus allgemein zugänglichen Quellen ungehindert zu unterrichten. Die Pressefreiheit und die Freiheit der Berichterstattung durch Rundfunk und Film werden gewährleistet. Eine Zensur findet nicht statt." (Art 5 Abs. 1 GG) Das Recht auf freie Meinungsäußerung, Presse-, Versammlungs- (Art. 8 GG), und Vereinigungsfreiheit (Art. 9 GG) sind wichtige Grundpfeiler der deutschen Demokratie und bilden eine Grundlage für Partizipationsprozesse. Jeder hat das Recht die eigene Meinung zu politischen Themen etwa in Leserbriefen oder friedlichen Protestkundgebungen kundzutun. Durch Petitionen an den Landtag, Proteste an Behörden oder an den/die BürgermeisterIn können Bitten und Beschwerden schriftlich angebracht werden.

Wahlen und Abstimmungen (Art. 20, Abs. 2 GG) geben den BürgerInnen die Möglichkeit Einfluss auf Bundes, Landes und Kommunalebene zu nehmen. Beispielsweise wird der Bundestag (Art. 38 GG), Landtag (Art. 28 GG) oder Gemeinderat (§ 26 GemO) gewählt. Verfahren der direkten Demokratie, wie dem Personalplebiszit (z.B.: Direktwahl des/der Bürgermeisters/Bürgermeisterin), der Volksabstimmung, des Volksentscheids ausgelöst durch ein obligatorisches (z.B.: Neugliederung des Bundesgebiets, Art. 29 GG) oder fakultatives Referendum (nur in Hamburg möglich) weisen in den Bundesländern Differenzen auf. Gestaltende Gesetzesinitiativen sind möglich durch Volksbegehren und -entscheide(Bundesländer) oder (kassierendes) Bürgerbegehren und -entscheide auf kommunaler Ebene. Ein weiteres formelles Instrument stellen Quoren dar. Beispielsweise braucht es in Baden-Württemberg bei einem Antrag für ein Bürgerbegehren eine Mindestanzahl an Unterschriften von sieben Prozent der Bevölkerung, jedoch maximal 20 000, welche durch zuständige Behörden geprüft werden (§ 21 Abs. 3 Satz 6 GemO). Bei einem Bürgerbegehren braucht es wiederrum ein Zustimmungsquorum, welches in den Bundesländern zwischen acht und 30 Prozent variiert. Im Rahmen von Planfeststellungsverfahren

(§§ 72-78 Verwaltungsverfahrensgesetz/ BVwVfG) können BürgerInnen Einwendungen, beispielsweise bei großen Bauprojekten wie Flughäfen, vornehmen.

2.2.3 Informelle Bürgerbeteiligung

Informelle Bürgerbeteiligungsmodelle folgen dagegen keinen konkreten rechtlichen Vorschriften. Der Pluralismus ist hier groß und unterschiedliche Konzepte gewinnen, vor allem in der Kommunalpolitik, an Bedeutung. In der Regel wird auf starre Strukturen, Hierarchien und Rahmenbedingungen verzichtet und auf Flexibilität, Vielfalt und Ergebnisoffenheit gesetzt. Ziel ist es hierbei eine möglichst breite Zielgruppe anzusprechen, in der auch Minderheiten, sozial schwache und politisch unterrepräsentierte Personen integriert sind (Ziegler & Waldis, 2018). Um einige gängige Konzepte zu nennen, werden im Folgenden verschiedene informelle Beteiligungsmethoden skizziert. Anschließend wird auf die rechtlichen Voraussetzungen von Kinder- und Jugendbeteiligung eingegangen.

Tabelle 2.2:1: Informelle Beteiligung, eigene Darstellung, nach Schneider 2018; Beninghaus et al. 2016, Weber et al. 2013; IJAB 2014, Bundesregierung 2018, Geislingen 2018, Jugendbüro Kirchzarten 2017, Bundesministerium für Wirtschaft 2018, Freiburg 2018, Konstanz 2018

Informelle Beteiligungs- methoden	Teilnehmer- anzahl	Beschreibung/Ablauf	Anwendung/Beispiel
Zukunfts- werkstatt	ca. 15-25 Personen	Kritikphase (Diskussion, Erfahrungsaustausch), Fantasiephase (kreative Lösungsansätze/ Wünsche) Realisierungsphase (Planung, Umsetzung)	Industrie 4.0 – Digitalisierung aktiv mitgestalten

Bürgerhaus-halt/ Beteiligungs-haushalt	Vertretungen bis zu alle BürgerInnen	Mitbestimmung über Einsparungen oder Ausgabeverteilungen bezüglich der freiwilligen Aufgaben einer Gemeinde/Stadt, vielfältige Prozessgestaltungsmöglichkeiten	Stadt Freiburg: alle 2 Jahre, Ideensammlung über Online-Forum, Übergabe an Fraktionen, Einbezug in Haushaltsberatungen,
Bürgerpanel/ Bürger-befragung	Repräsen-tative Zufallsstich-probe/ frei-willige Teilnahme, ca. 500-2500 Personen	Methode zur Einholung der vorherrschenden Meinung zu politischen Fragestellungen: Befragung per Telefon, Brief oder online zu politischen Themen, meist mehrmalige Erhebungen über einen längeren Zeitraum, Auswertung und Veröffentlichung der Ergebnisse	Konstanzer Bürgerbefragung: Langzeitstudie zur Erfassung sozialen Wandels, 3 Bürgerbefragungen/Jahr zur Lebensqualität in der Stadt & alle 3 Jahre Teilnahme an der Bürgerumfrage deutscher Städte (Urban Audit)
ePartizi-pation	unbegrenzt	Teilhabe mittels Informations-Kommunikations-Technik, Voraussetzungen: Rechtlich zulässig, Datenschutz, Gestaltungsspielräume/Ergebnisoffenheit -> Transparenz Zeit, Ressourcen/Kompetenz (Personal, Hard-, Software), Betroffenheit/Interesse der BürgerInnen -> Identifikation -> Wirksamkeit	Konzept und Tools z.B.: Youthpart: Entscheidungsprozesse auf lokaler, regionaler, nationaler und europäischer Ebene Z.B.: Webbasierte Beteiligungsplattform Geislingen; Städteplanung und Platzgestaltung mit Mindcraft in Kirchzarten; Bürgerdialog zum Klimaschutzplan(BMU) mit fünf Städten, zeitgleiche Beteiligung von 472 BürgerInnen

| WorldCafé | ab 8 bis 2000 Personen | An Tischen mit ca. 4-8 Personen werden konkrete Fragen bearbeitet, nach einem gewissen Zeitraum wechseln die Personen an einen anderen Tisch, jeder Tisch wird von einer Person (TischgastgeberIn) begleitet und kommuniziert die Ergebnisse, Im Plenum werden abschließend die Ergebnisse der Tische diskutiert und zusammengefasst, | Bürgerdialog der Bundesregierung (Thema 2018: Sprechen über Europa): Gesprächsrunden in wechselnder Zusammensetzung zu einem vorgegebenen Thema, Zwischenstände werden an Pinnwänden dokumentiert, Abstimmung über die Priorisierung erarbeiteter Positionen, Ergebnis der Veranstaltungen sind ausformulierte Texte mit Impulsen für Politik, Verwaltung oder gesellschaftliche Verantwortungsträger, |
| **Mediation**

Rechts-grundlage: Mediations-gesetz

(BGBl I S. 1577) | Vertreter-Innen von zwei oder mehreren Parteien | Freiwilliges, selbstverantwortliches , ergebnisoffenes Konfliktlösungsverfahren, Leitung durch neutrale/n MediatorIn (Gesprächskoordination, Vermittlung, keine Lösungsfindung), Zielsetzung: Streitschlichtung, außergerichtliche Konfliktlösung. Ablauf: Vorbereitung(Begrüßung, Abläufe, Regeln, Rollenklärung), Sachverhaltsklärung/ Themensammlung, Klärung der Interessen, Sammlung und Priorisierung von Interessen/Lösungsansätzen, Einigung und | Flughafen Frankfurt: 18 Monate, in 24 Sitzungen, unabhängige und ergebnisoffene Diskussion (umstritten) mit 5 Bausteinen: Nachtflugverbot, Anti-Lärm-Pakt, Regionales Dialogforum, Ausbau und Optimierung, |

		Abschluss-vereinbarung,	

2.2.4 Rechtlicher Anspruch auf Kinder- und Jugendbeteiligung

Schon 1989 wurde in der UN- Kinderrechtskonvention beschlossen, dass Kinder sich an Freizeit, kulturellem und künstlerischem Leben beteiligen dürfen und die Betätigung geachtet sowie gefördert wird. (Art 31. Abs. 1 und 2) Im Jahr 2010 wurde ein Kinder- und Jugendreport zur Berichterstattung und Umsetzung der UN-Kinderrechte herausgegeben, in welchem die Anhörung des Kindes festgeschrieben wurde. Eines der zehn wichtigsten Kinderrechte lautet: „Kinder und Jugendliche haben das Recht, ihre Meinung zu sagen und gehört zu werden. Sie haben ein Recht darauf, dass ihre Meinung berücksichtigt wird." (AGJ, 2010) Im aktuellen Kinderreport 2016 des Deutschen Kinderhilfswerkes wird die Umsetzung der Kinderrechte genauer beschrieben. Partizipation spielt auch hier eine entscheidende Rolle, aber wird nach wie vor als ein ausbaufähiges Element der Rechte von Kindern gesehen. Auch im internationalen Entwicklungskonzept Agenda 21 ist das Thema der Partizipation verankert. Mit dem Ziel einer nachhaltigen Entwicklung haben sich Kommunen verpflichtet Jugendliche aktiv an Entscheidungsprozessen zu beteiligen. (Kapitel 25, Abs. 2, Agenda 21, 1992) In der EU-Grundrechtecharta (2000, Nizza) wurden in Anlehnung an die UN-Kinderrechtskonvention Rechte für Kinderpartizipation formuliert. So heißt es dort: „Kinder haben Anspruch auf den Schutz und die Fürsorge, die für ihr Wohlergehen notwendig sind. Sie können ihre Meinung frei äußern. Ihre Meinung wird in den Angelegenheiten, die sie betreffen, in einer ihrem Alter und ihrem Reifegrad entsprechenden Weise berücksichtigt" (Art. 24, Kapitel 3, Abs. 1). Im Bürgerlichen Gesetzbuch (BGB) ist vereinzelt auf das Recht des Kindes sich zu entfalten und selbstständig zu handeln hingewiesen (§ 1626 Abs. 2 BGB). Im Baugesetzbuch(BauGB) wird explizit zur Beteiligung der Öffentlichkeit, wozu auch Kinder und Jugendliche zählen, aufgerufen (§ 3 BauGB). Im achten Kapitel des

Sozialgesetzbuches (SGB VIII) sind verschiedenen Artikel zur Kinder- und Jugendbeteiligung verankert. Stellvertretend wird § 11 Jugendarbeit, Absatz 1 SGB VIII genannt: „Jungen Menschen sind die zur Förderung ihrer Entwicklung erforderlichen Angebote der Jugendarbeit zur Verfügung zu stellen. Sie sollen an den Interessen junger Menschen anknüpfen und von ihnen mitbestimmt und mitgestaltet werden, sie zur Selbstbestimmung befähigen und zu gesellschaftlicher Mitverantwortung und zu sozialem Engagement anregen und hinführen."

Im Dezember 2015 wurde die Beteiligung von Kindern und Jugendlichen in der GemO neu geregelt. Laut § 41 a der GemO müssen Jugendliche und sollen Kinder beteiligt werden. Aufgabe der Gemeinde ist es „Jugendliche bei Planung und Vorhaben, die ihre Interessen berühren, in angemessener Weise zu beteiligen. Dafür sind von der Gemeinde geeignete Beteiligungsverfahren zu entwickeln." Nach dem SGB VIII sind Jugendliche Personen im Alter von 14 bis 18 Jahren. Jedoch können in Partizipationsprozessen auch junge Erwachsene (18 bis 27 Jahre) und Kinder (bis 14 Jahre) mit einbezogen werden. In welcher Form Jugendliche beteiligt werden, ist nicht festgelegt. Festgelegt ist lediglich die Anzahl an Jugendlichen, die eine Jugendvertretung beantragen können. Beispielsweise müssen bei 20 000 Einwohnern mindestens 20 Jugendliche einen Antrag unterzeichnen. Außerdem steht Jugendlichen ein Rederecht, Anhörungsrecht sowie ein Antragsrecht zu. Für Beteiligungsprojekte müssen Gemeinden angemessene finanzielle Mittel zur Verfügung stellen. (§ 41 a, Abs. 4 GemO) Artikel 21, Absatz eins der Landesverfassung (LV) Baden-Württemberg ergänzt die Forderung nach Beteiligung auch im schulischen Kontext wie folgt: „Die Jugend ist in den Schulen zu freien und verantwortungsfreudigen Bürgern zu erziehen und an der Gestaltung des Schullebens zu beteiligen." Infolgedessen wird Gemeinschaftskunde schulartübergreifend als Pflichtfach benannt (Art. 21, Abs. 2, LV Baden-Württemberg).

Es bleibt festzuhalten, dass rechtliche Voraussetzungen international, bundes- und landesweit für Kinder- und

Jugendpartizipation gegeben sind. Auf kommunaler Eben ist es in Baden-Württemberg verpflichtend, Jugendliche bei relevanten Themen zu beteiligen. Dafür braucht es entsprechende Voraussetzungen und Strukturen, welche unterschiedliche Ausprägungen und Beteiligungsgrade beinhalten können. Auf das Ausmaß von Partizipation und damit verbundene Faktoren wird im Folgenden eingegangen.

2.2.5   Ausprägungen von Partizipation

Es gibt verschiedene Modelle zu den Ausprägungen von Partizipation. Sie reichen über Defizitbehandlung, „Nicht-Beteiligung" bis zur kompletten Selbstverwaltung. (Petersen, 1999).

Schröder fasst 1995 zwei, in der Literatur oft zu findende Modelle von Hart (1979) und Gernert (1993) zusammen. Ein fast deckungsgleiches Modell „ladder of citizen participation" ist von Arnstein entwickelt worden (1968, in: Schnurr, 2015). Gemeinsam haben die beiden Modelle: je höher die Stufe im Beteiligungsmodell, desto mehr Entscheidungsmacht wird Kindern und Jugendlichen zuteil.

Schröder definiert die Fremdbestimmung als tiefste Stufe und somit geringsten Grad der Beteiligung. Manche Wissenschaftler sprechen hier sogar von Manipulation (Fatke/Schneider, 2007). In dieser Stufe werden Entscheidungen von außen getroffen und die Betroffenen selbst haben keinen Einfluss auf das Geschehen. Sie verwirklichen, meist ahnungslos Vorstellungen, bei denen sie nicht wissen zu welchem Ziel diese führen.[2] Zwei weitere Schritte des Stufenmodells sind die Dekoration und die Alibi- Teilnahme. Letzteres hat hohes

---

[2] In politischen Prozessen wäre das beispielsweise der Fall, wenn Kinder und Jugendliche alle Entscheidungen und Einstellungen ihrer Erziehungsberechtigten übernehmen und äußern würden, ohne sich selbst eine Meinung zu bilden und Sachverhalte zu hinterfragen. Das könnte dazu führen, dass Jugendliche beispielsweise bei Wahlen dieselbe Partei wählen wie ihre Eltern, ohne sich ihrer Entscheidung bewusst zu sein.

Gefahrenpotential: Es suggeriert den betroffenen BürgerInnen politische Mitbestimmung, obwohl über ihren Kopf hinweg wichtige Entscheidungen getroffen werden. Das kann beispielsweise dann passieren, wenn man Jugendgemeinderäte an Gemeinderatssitzungen teilnehmen lässt und anhört, jedoch der Beschluss oder die Abstimmung ohne sie stattfindet. Bevorzugt sollten EntscheidungsträgerInnen transparent handeln, die Jugendlichen daran teilhaben lassen, ihnen Aufgaben zuweisen und Informationen weitergeben (Stufe vier und fünf). So sind sich die Beteiligten über den Sinn des Projekts oder der Aufgabe bewusst und wissen was sie mit ihrem Handeln bewirken. Möglicherweise können hier schon eigene Ideen mit eingebracht werden. Sie können mitgestalten, jedoch liegt die Entscheidungsmacht in Händen der politischen VertreterInnen oder der Projektleitungen. Beteiligte Kinder, Jugendliche oder Erwachsene und die Leitung finden auf dieser Stufe optimalerweise eine Entscheidung, mit welcher beide Parteien zufrieden sind. (Blandow, 1999) Sobald die Beteiligten nicht nur im Voraus befragt, sondern aktiv bei Entscheidungen und Umsetzungsschritten eingebunden werden, kann von Mitbestimmung gesprochen werden (Stufe sieben). Hierbei gehören Kinder, Jugendliche oder Erwachsene mit zum Prozess und sind mitverantwortlich. Die zwei höchsten Stufen der Partizipationsleiter sind die Selbstbestimmung beziehungsweise die Selbstverwaltung. Selbstbestimmung bedeutet, dass Kinder und Jugendliche alleine entscheiden, jedoch Unterstützung von Erwachsenen erhalten. Bei Selbstverwaltungsprozessen initiieren und organisieren sich beteiligte Personen selbstständig. Die Entscheidungsmacht wird uneingeschränkt übereignet. In Kinder- und Jugendbeteiligungsprozessen werden Entscheidungen dagegen Erwachsenen mitgeteilt und nur auf Nachfrage seitens der jungen ProjektleiterInnen werden sie einbezogen oder um Rat gefragt.

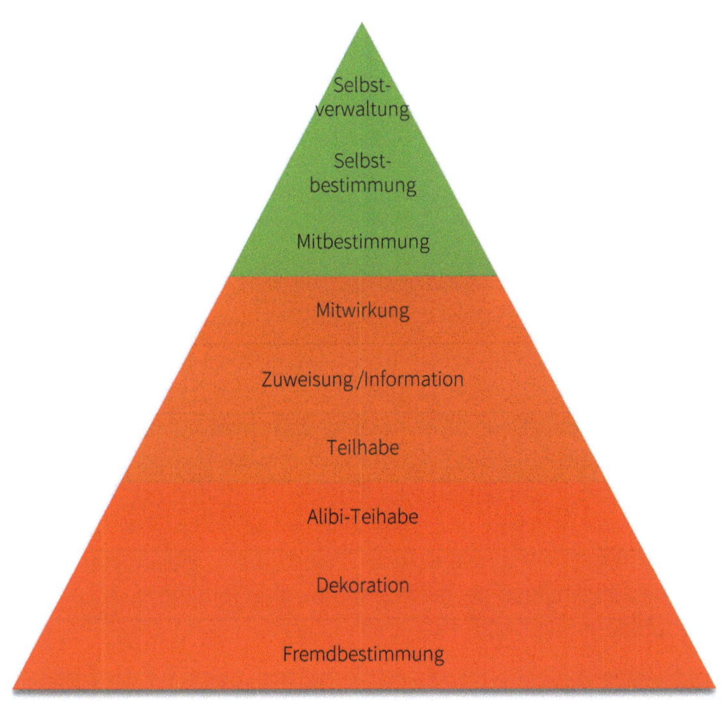

Abbildung 2.2:1: Partizipationspyramide, eigene Darstellung, nach Schröder 1995

Die verschiedenen Stufen (vgl. Abbildung 2.2:1) bieten Orientierung zur Einordnung, wo sich Institutionen und Kommunen bezüglich Partizipation befinden. Ausschließlich in den letzten vier Stufen kann man von gelingender und nachhaltiger Partizipation sprechen. (Fatke/Schneider, 2007)

Vilmar differenziert hier nochmals in unverbindliche und verbindliche Partizipation sowie Selbstverwaltung. Unverbindliche Partizipation umfasst die Stufe der Mitwirkung. Verbindliche Partizipation die Mit- und Selbstbestimmung. Die oberste Stufe der Selbstverwaltung deckt sich in beiden Modellen (Winklhofer, 2000).

2.2.5.1 Streben nach Selbstbestimmung?

In den meisten Modellen wird das Streben nach dem höchsten Partizipationsgrad der Selbstbestimmung oder -verwaltung beschrieben. Sämtliche AutorInnen gehen dabei nicht von der Entscheidungsmacht von Individuen aus, sondern sprechen von Selbstbestimmung oder -verwaltung einer ganzen Gruppe von Beteiligten. Das heißt unter Beteiligung wird meist das Teilen von Entscheidungsmacht innerhalb einer Gruppe, wie Kindern und Jugendlichen, definiert. Genau dieser Ansatz wird von Stange und Tiemann (1999, 2009) kritisiert. Für sie geht es vielmehr um das Regeln von gemeinsamen Angelegenheiten, als um das Teilen von Macht. Nicht das Streben nach Selbstbestimmung steht daher im Fokus, sondern der wesentlich anspruchsvollere und komplexere Prozess der gemeinsamen Entscheidungsfindung zwischen Erwachsenen, Kindern und Jugendlichen. So kann eher von einer gleichmäßigen Machtverteilung hier zur gleichberechtigten Entscheidungsteilnahme gesprochen werden (Stange und Tiemann, 1999; Biedermann, 2006).

In Arnsteins (1969) Partizipationsmodell findet sich auf der sechsten Stufe *Partnership* eine Parallele. Unter *Partnerschaft* versteht sich hier gemeinsames Aushandeln von Entscheidungen. Im weiteren Verlauf ist jedoch auch dieses Modell, wie oben beschrieben, machtfokussiert.

Blandow, Gintzel und Hansbauer (1999) skizzieren in ihrem Stufenmodell Partizipationsprozesse, in denen Entscheidungen nicht wie bei Schröder auf oberster Stufe von einer Gruppe getroffen werden, sondern an höchster Stelle eine gemeinsame Entscheidung steht. Das Modell (vgl. Abbildung 2.2:2) kann hierbei nicht nur auf Gruppenprozesse, beispielsweise BürgerInnen (P^1) und Kommunen (P^2), bezogen werden, sondern auch auf das Verhältnis zwischen einzelnen Personen (P^1 und P^2).

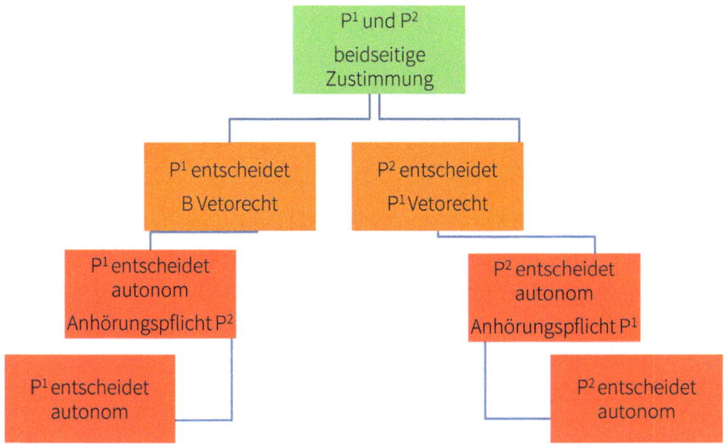

Abbildung 2.2:2: Stufenmodell, eigene Darstellung, nach Blandow, Gintzel & Hansbauer, 1991

Stange und Tiemann (1999) sowie Brunner, Winklhofer und Zinser (1999) differenzieren in ihren Modellen in Beteiligungsstrategien, welche sich nach dem *Grad der Formalisierung*, der *strukturellen Verankerung* und dem Handlungsfeld von Partizipationsprozessen einordnen lassen.

Die Einteilung der Partizipationsprozesse erfolgt dabei nach folgenden Kriterien:

- punktuelle oder strukturelle Beteiligung
- repräsentative Beteiligung durch erwachsene oder gleichaltrige VertreterInnen
- offene Beteiligungsformen der Versammlung
- projektorientierte Verfahren
- Beteiligung in alltäglichen Strukturen in der Kommune, Schule, pädagogischen Institutionen oder der Familie
- medienorientierte Beteiligung
- Beteiligung durch ein Wahlrecht

Beispielsweise sollen vier Formen, welche sich in Kommunen in Baden-Württemberg wiederfinden, erläutert werden.

- Das Wahlrecht, welches bisher in Baden-Württemberg für Jugendliche ab dem 16. Lebensjahr auf Kommunalwahlen beschränkt ist.
- Repräsentative Beteiligungsformen, in denen delegierte oder gewählte Kinder- und Jugendliche in Parlamenten, Räten oder anderen Gremien in Beratungs- oder Entscheidungsstrukturen der Kommune eingebunden sind.
- In offenen Beteiligungsformen in denen Kinder- und Jugendliche freiwillig, meist auch spontan an Versammlungen, Sprechstunden, Konferenzen, Foren oder ähnlichem Angeboten teilnehmen können.
- Projektorientierte Beteiligung ist eine zeitliche und meist thematisch begrenzte Form, welche ein spezifisches Ziel verfolgt. (Knauer, 2004)

In allen Formen steht Mitbestimmung und ein gemeinsamer Entscheidungsprozess im Vordergrund. Weiterhin wird differenziert nach strukturellen Gegebenheiten wie Ressourcen und Rahmenbedingungen, der individuellen Gestaltung sowie Qualität und Umfang (vgl. Kapitel 2.2.6).

Folgend soll darauf eingegangen werden, ob das Verständnis von Selbstbestimmung auf die Gruppe oder das Individuum bezogen wird. Wie beschrieben wird Selbstbestimmung meist gruppenbezogen betrachtet und selten auf Individuen ausgerichtet. Jedoch muss an dieser Stelle ergänzt werden, dass die Stufenmodelle leicht fehlinterpretiert werden. Beispielsweise hebt Schröder hervor, dass Beteiligung gemeinsames Entscheiden von Erwachsenen und den jungen BürgerInnen ist (Schröder, 1995). Aufgrund des metaphorischen Modellaufbaus in Form eine Leiter, Stufen oder einer Pyramide entsteht der Eindruck, dass die oberste Kategorie angestrebt werden solle. Jedoch dienen die Darstellungen nur einer Einordnung, sodass man die Stufen, wie Mit- und Selbstbestimmung, als zwei unabhängige Varianten betrachten kann. Aufgrund dessen distanziert sich Hart (2008) von der bildlichen Darstellung seines Modells (1997). Arnstein (1969) hingegen impliziert mit der Leiter ganz bewusst einen Aufstieg im Sinne eines

Emanzipationsprozesses, hin zur völligen Übergabe der Entscheidungsmacht. So definiert Arnstein „Citizen Participation is Citizen Power, […] without redistribution of power is an empty and frustrating process for the powerless" (Arnstein, 1969, S. 216-217). Jedoch beschreibt auch sie Prozesse der gemeinsamen Entscheidungsfindung (ebd.). Wie auch Arnstein beschreibt Sturzenhecker Selbstbestimmung als übergeordnetes Ziel, welches beispielsweise benachteilige BürgerInnen aus einem Ohnmachtsgefühl durch Machtübergabe aktiv werden lässt.

Das Wechselverhältnis zwischen Entscheidungsmacht und Selbstbestimmung zwischen Erwachsenen und Jugendlichen illustriert Abbildung 2.2:3. Im Bereich E1 und J1 haben Erwachsene die Entscheidungsmacht über Themen, die auch Kinder betreffen. Im Bereich J2 sinkt die Verfügungsgewalt über eine Entscheidung der Erwachsenen von E1 auf E2. Daraus könnte eine zurückhaltende oder gar ablehnende Haltung der Erwachsenen (PolitikerInnen, Eltern, LehrerInnen etc.) gegenüber Kinder- und Jugendbeteiligung entstehen (Meinhold-Henschel, 2007).

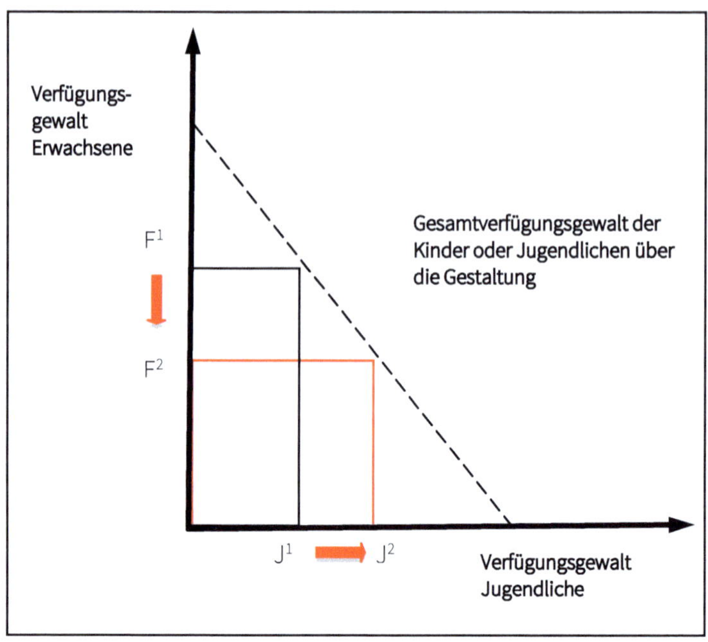

Abbildung 2.2:3 Verfügungsgewalt, eigene Darstellung, nach Meinhold-Henschel, 2007

Zusammenfassend kann daraus geschlossen werden, dass die Stufenmodelle sowohl das Übertragen als auch das Teilen von Entscheidungsmacht beschreiben (Sturzenhecker, 2009). Selbstbestimmung bezieht sich in diesem Kontext auf das Handeln des Individuums, welches jedoch in einem sozialen Zusammenhang steht. Ziel ist, dass Kinder und Jugendliche eigenständig mitbestimmen und zugleich sozial verantwortlich handeln. Die so genannte „mitverantwortliche Selbstbestimmung" (Sturzenhecker, 2009, S. 3) findet sich auch im Sozialgesetzbuch wieder: Jugendarbeit soll junge Menschen „zur Selbstbestimmung befähigen und zu gesellschaftlicher Mitverantwortung und zu sozialem Engagement anregen und hinführen" (§ 11 Abs. 1 Satz 2 SGB VIII). Mitverantwortung impliziert auch das Übertragen von Verantwortung auf die Beteiligten. Das beginnt im Kontext von Beteiligungsprozessen mit der Planung und endet mit der konkreten

Umsetzung beispielsweise von Projekten oder Veränderungen (Sturzbecher & Walz, 2003; Bertelmann Stiftung, 2007; Lutz 2012, In Knauer & Sturzenhecker, 2016

2.2.5.2 Gruppenbezogene Selbstbestimmung

Doch was bedeutet gruppenbezogene Selbstbestimmung? Auf diese Frage finden sich wenige Antworten in der Literatur. Dabei deutet sich jedoch eine Verbindung zu direktdemokratischen Entscheidungsformen an. Kinder und Jugendliche werden unmittelbar an Entscheidungen beteiligt und ihre Interessen werden geltend gemacht. Dies ist in der Praxis in repräsentativen Modellen möglich, wobei hier nicht alle Betroffenen einen Zugang haben, oder in Foren, in denen jeder/jede die Möglichkeit hat direkt Einfluss zu nehmen sowie in einer Kombination aus beidem (Stange, 2009). In Foren wiederum ist es oftmals so, dass die Fragestellungen von Erwachsenen ausgewählt werden. Bukow (2000) spricht daher nur von direkter und umfassender Beteiligung, wenn die Rekrutierung der Themen durch die jungen BürgerInnen selbst erfolgt. Hierbei können Themen politischer Partizipation, welche die Öffentlichkeit betreffen, oder sozialer Partizipation, welche sich aus Alltagssituationen ergeben, zur Entscheidung stehen (Stange, 2009). Gruppenbezogene Selbstbestimmung kann somit als direktdemokratische Mitbestimmung möglichst aller Personen einer Interessensgemeinschaft unter Berücksichtigung des sozialen Zusammenhangs gesehen werden.

Zusammenfassend skizziert folgende Tabelle die Hauptziele der Ausprägungen von Partizipation:

Tabelle 2.2:2: Ausprägungen von Kinder- und Jugendpartizipation, eigene Darstellung

Ausprägungen von Kinder- und Jugendpartizipation		
Fremd- zu Selbstbestimmung	• gruppenbezogene Selbstbestimmung • individuelle, mitverantwortliche Selbstbestimmung	
Abgabe von Entscheidungsmacht	• Mitbestimmung: geteilte Entscheidungsmacht zwischen Erwachsenen und jungen Beteiligten • Übereignung von Entscheidungsmacht: liegt nur bei Kinder- und Jugendlichen	
Abgabe von Verantwortung	• Eigenverantwortliches Mitbestimmen, Verantwortung für Entscheidungen liegen bei den Erwachsenen • Eigenverantwortung von jungen BürgerInnen für Planung, Beteiligung und Umsetzung	
beidseitige Zustimmung vs. einseitiger Beschluss	• Kinder- und Jugendliche planen mit, Erwachsene entscheiden • gemeinsames Planen, Beschließen und Umsetzen	
thematischer Rahmen von Beteiligung	• kinder- und jugendspezifische, punktuelle Beteiligung • allgemeine, breite Beteiligungsmöglichkeit, bei allen Themen, die Kinder- und Jugendliche betreffen (Entscheidung darüber, ob Mitbestimmung liegt bei ihnen selbst)	
Handlungsfelder der Beteiligung	• Beteiligung beschränkt auf in der Familie oder im Freundeskreis • Beteiligung auch in sozialen Einrichtungen und der Jugendhilfe • Beteiligung in der Schule • Beteiligung in der Kommune/Stadt und alle Felder, die für Kinder und Jugendliche	Steigender Umfang von Kinder- und Jugendbeteiligung (in den einzelnen Kategorien)

	relevant sind	
Qualitätsmerkmale anhand der Ausprägungen	• Dekoration und Alibi-Teilhabe sind Fremdbestimmung und keine Partizipation • Teilhabe und Zuweisung/Information bedeuten keine Abgabe von Entscheidungsmacht oder Verantwortung • Mitwirkung ist eine Form der Beteiligung, bei der Ideen/Denkweisen der Beteiligten angehört werden, jedoch wird von Erwachsenen bestimmt welche davon berücksichtigt werden • Prozesse der Mitbestimmung, Selbstbestimmung und -verwaltung sind als Kinder- und Jugendpartizipationsprozesse anzustreben	

Nachdem auf die Ausprägung und die damit zusammenhängende Verteilung von Entscheidungsmacht und Verantwortung eingegangen wurde, wird im nächsten Kapitel erläutert, welche Qualitätskriterien und Kontextvariablen für Beteiligungsprozesse fördernd sein können.

2.2.6 Qualität von Kinder- und Jugendbeteiligung

Um Qualitätskriterien von Kinder- und Jugendbeteiligung zu beschreiben, wird vorerst kurz erläutert, was unter effektiver Beteiligung verstanden wird und warum es anspruchsvoll ist diese allgemeingültig für komplexe Prozesse zu definieren.

Komplexe Prozesse sind oft nicht formal beschreibbar, komplizierte Zusammenhänge jedoch durchaus. Komplexes ist meist etwas Reales oder Lebendiges: „Lebendige" Systeme können beobachtet werden, jedoch stellt es eine große Herausforderung dar, Verhalten oder Entwicklungen über einen längeren Zeitraum zu prognostizieren (Wagner & Grau, 2014). Klassische „Wenn-Dann"-Kausalitäten, Zielvereinbarungen oder Checklisten können, wie im klassischen Projektmanagement, hilfreich sein. Große Projekte in sozialen Organisationen erfordern jedoch mehr Flexibilität. Menschen sind nicht nur als MitarbeiterInnen die wichtigsten Ressourcen in Beteiligungsprozessen, sondern vor allem auch als InitiatorInnen, PlanerInnen und UmsetzerInnen. Partizipation ist immer abhängig von verschiedenen Menschen, dem sozialen Umfeld, aber auch der Politik. Gerade bei der Zusammenarbeit in Projekten mit und für Jugendliche erfordert das Management eine hohe Toleranz an Qualität, Umfang und Zeit. Dieses agile Projektmanagement ist eine Herausforderung sowohl für Akteure administrativer und politischer Systeme als auch ProjektmitarbeiterInnen aus Bildungseinrichtungen. So entstehen ein gewisser Aufwand und Anspruch an systemisches Management. Eine Grobplanung für das gesamte Projekt ist sinnvoll, trotzdem braucht es vor allem kürzere Teilschrittplanungen und Ergebnisoffenheit. Hierbei sind kreative und innovative Ansätze hilfreich, da Entscheidungen, Verhalten und Meinungen von Menschen und heterogenen Menschengruppen nicht (immer) vorhersehbar sind (Layton, 2018). Aufgrund dessen werden im Folgenden Qualitätsmerkmale von effektiver Kinder- und Jugendbeteiligung beschrieben, welche jedoch nicht auf alle Prozesse zutreffen und individuell überprüft werden sollten. Vorerst wird kurz darauf eingegangen, was unter effektiver Beteiligung verstanden werden kann. Die Effektivität bezieht sich auf das Ergebnis sowie die Wirkung des Prozesses, die Qualität der Entscheidung und der Umsetzung unter Berücksichtigung der Zeitdimension (Newig 2004; Kern & Bratzel 1996). Demnach lassen sich allgemeingültige, übergeordnete Variablen der Bürgerbeteiligung hinsichtlich ihrer Effektivität einordnen (Beierle et al., 2002; Newig, 2005). Anschließend werden spezifische Qualitätsmerkmale aus der Literatur erfasst.

2.2.6.1   Kontextvariablen von Beteiligungsprozessen

Nach Newig (2005) beeinflussen die Kontextvariablen die Effektivität
des Beteiligungsverfahrens:

1. Informiertheit/   Öffentliche   Aufmerksamkeit   /
    Problemverständnis

Es ist unerlässlich, dass die beteiligten BürgerInnen, Kinder,
Jugendliche und Erwachsene, so über Partizipationsthemen
informiert werden, dass jeder Zugang zu den Informationen hat,
welche verständlich und umfassend sind. Auch muss gewährleistet
werden, dass Beteiligte die Möglichkeit haben, die Daten und Inhalte
analysieren und begreifen zu können. Das kann gerade bei
technischen Verfahren aufwendig sein. Daher ist es nicht immer
möglich jeden/jede auf den Informationsstand eines/einer
Experten/Expertin zu bringen. So besteht eine Verbindung zur
Variablen „Macht und Ressource", denn fehlende, nicht verständliche
oder vollständige Information kann ein großes Defizit darstellen.

Die Informiertheit der betroffenen Menschen ist mit öffentlicher
Aufmerksamkeit verbunden, welche sich meist auch in den Medien
wiederfinden lässt. Auch das Problembewusstsein kann dadurch
gesteigert oder gemindert werden. Je größer die öffentliche und
mediale Aufmerksamkeit ist, desto größer wird die Beteiligung der
betroffenen Menschen ausfallen. Dadurch wird nicht automatisch
die Qualität der Umsetzung und des Ergebnisses höher, da viele
Personen, mit möglicherweise unterschiedlichen Standpunkten eine
hohe Koordination erfordert, welche nicht selten Bedarf haben an
einem erhöhten Ressourcenaufwand. Gerade auch durch hohes
mediales Interesse können Themen vielfältiger dargestellt und
interpretiert werden, jedoch kann sich die Quantität durch einen
erhöhten Zeitbedarf im Beteiligungsprozess widerspiegeln.

Wenn alle beteiligten Personen auf einem Informationsstand sind,
kann der weitere Verlauf überdies effektiver sein, da Zeit und
Ressourcen eingespart werden können. Auch die Qualität der
Entscheidung kann durch umfängliche Information gesteigert

werden, da diese differenzierter und expliziter getroffen werden kann.

2. Interesse und Betroffenheit

Offensichtlich ist, dass je höher der Nutzen der Beteiligung für die Bevölkerung ist, desto höher die Bereitschaft ausfällt, sich einzubringen. So lässt sich feststellen: Je größer und allgemeiner ein Thema ist, desto geringer ist die Betroffenheit des/der einzelnen. So leidet die Effektivität, wenn Interesse und Betroffenheit nicht geweckt werden und die Beteiligung dadurch geringer ausfällt.

3. Macht/ Ressourcen

Wie schon beschrieben (vgl. Kapitel 2.2.5) steigt bei einer größeren Entscheidungsmacht der Beteiligten der Partizipationsgrad. Newig (ebd.) betont in diesen Zusammenhang: Je höher die Machtposition, desto stärker ist die Einflussnahme. Wie schon erwähnt kann jedoch auch Information, Bildung sowie ein bessere Problemverständnis eine wichtige Ressource sein. Auch der Bildungsgrad, wie Titel oder Zertifikate können Ressourcen darstellen und BürgerInnen als ExpertInnen auftreten lassen. Das Auftreten in einer Gruppe, anstatt alleine, ist allerdings nicht nur mit mehr Ressourcen verbunden, sondern kann auch eine erhöhte Machtposition darstellen. Wenn Machtpositionen, ein erhöhter Bildungsgrad oder die Verteilung von Ressourcen zu einem erhöhten Einfluss führen, andere Beteiligte dadurch benachteiligt werden, muss die Qualität der Entscheidung hinterfragt werden.

4. Politische Kultur

„Politische Kultur bezeichnet allgemein das Verteilungsmuster aller Orientierungen einer Bevölkerung gegenüber dem politischen System, als der Summe aller Institutionen" (Bundeszentrale für politische Bildung, 2018). Das umfasst Meinungen, Einstellungen und Werte, welche von Individuen beispielsweise gegenüber der Kommune bestehen. So hat die politische Meinung der BürgerInnen einen Einfluss auf aktuelle politische Prozesse und die Beteiligungsbereitschaft. Jedoch auch von der Gegenseite betrachtet haben aktuelle politische Prozesse, und Themen sowie deren Handeln Einfluss auf Einstellungen von Personen. Daher ist es wichtig vor Beteiligungsprozessen die aktuelle politische Kultur zu analysieren und mögliche Einflüsse auf Prozesse zu beachten, um gegebenenfalls frühzeitig zu intervenieren (Newig 2005, Encarta 2002).

2.2.6.2   Qualitätsmerkmale

Im Folgenden werden Qualitätsmerkmale für Bürgerbeteiligung, mit dem Fokus auf Kinder- und Jugendpartizipation beschrieben. Da in Kapitel 2.2.5 *Ausprägungen von Partizipation* schon ausführlich auf die Selbstbestimmung, sowie das Teilen oder Abgeben von Macht durch Erwachsene an junge Beteiligte eingegangen wurde, wird durch folgende Grafik eine Zusammenfassung gegeben. Um einen Praxisbezug herzustellen sind hierbei Beteiligungsmethoden in Bezug zu Beteiligungsgrad, Beteiligungsbreite (Teilnehmerzahlen) und Beteiligungstiefe (Einfluss nach den Beteiligungsstufen) zugeordnet

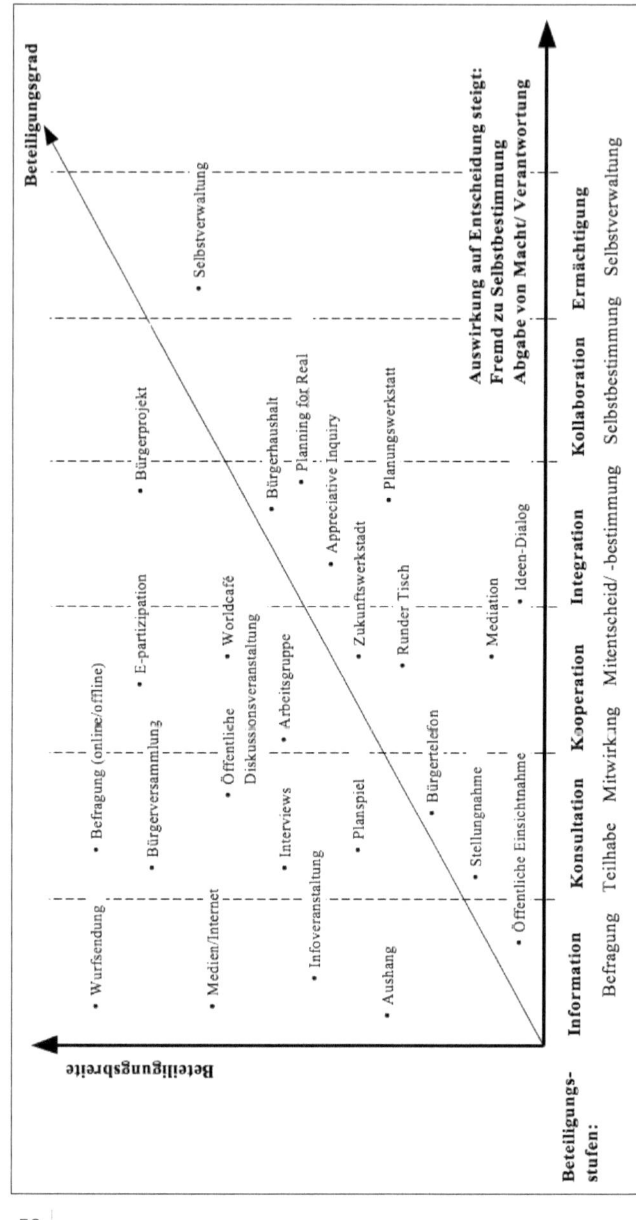

Abbildung 2.2:4 Qualitätsmerkmal: Beteiligungsgrad, eigene Darstellung nach Ramboll 2014, Ministerium für Klimaschutz, Umwelt, Landwirtschaft, Natur- und Verbraucherschutz NRW 2012; Hilpert 2011

Qualitätskriterien lassen sich in fünf Qualitätsdimensionen einordnen (Zinser 2014):

Konzeptqualität: Entscheidend ist, welche Ziele und welchen Bedarf der Beteiligungsprozess hat und wer beteiligt ist. Außerdem wird differenziert, ob das Konzept aktuelle wissenschaftliche und empirische Kenntnisse berücksichtigt.

Prozessqualität: Im Prozess geht es nicht nur um den Ablauf der Beteiligung, sondern auch um soziale Faktoren, wie die Zusammenarbeit, der soziale Umgang, die Motivation, Kommunikations- und Interaktionsprozesse und Spaß an der Teilhabe. Knauer und Sturzenhecker (2005) beschreiben Prozessqualität wie folgt: „...es geht darum, wie gut es den Beteiligten im Partizipationsprozess gelingt, ihre subjektiven Wahrnehmungen und Interessen zu artikulieren, sich gegenseitig zu verstehen und in einen Dialog zu treten" (Knauer & Sturzenhecker 2005, In Hafeneger et al. 2005, S. 81).

Strukturqualität: Strukturelle Rahmenbedingen, wie personelle, finanzielle und materielle Ressourcen, Rechte, Zugangsvoraussetzungen oder Entscheidungsstrukturen wie Selbstbestimmung und Verantwortung tragen zu einer gelingenden Beteiligung bei. Hierbei sollten Strukturen, vorerst unabhängig von subjektiven und situativen Faktoren so organsiert sein, dass Partizipationsprojekte Erfolgschancen haben.

Ergebnisqualität: Hier geht es um die Umsetzung der Projekte, Ideen, Leistungen und Vorschläge der Kinder und Jugendlichen. Außerdem spielt es eine Rolle, ob ihre Anliegen ernst genommen werden, der Prozess transparent ist, eine direkte Kommunikation zwischen Erwachsenen und jungen Beteiligten stattfindet und ob die Ergebnisse zeitnah umgesetzt werden. Nach Knauer und Sturzenhecker (2005) kann ein Ergebnis der Partizipation auch politischer Bildungsprozesse sein, welcher jedoch auch mit der Zugewinnqualität zusammenhängt (In Hafeneger et al. 2005).

Zugewinnqualität: Die fünfte Qualitätsdimension ist die des Zugewinns. Zugewinn beschreibt die Bereicherung durch den

Kinder- und Jugendbeteiligungsprozess bei den TeilnehmerInnen. Hierbei geht es beispielsweise um das Erlernen von sozialen oder demokratischen Kompetenzen, Selbstwirksamkeit, sinnhaftem Engagement, einem Generationenaustausch oder lösungsorientierter, innovativer Planung.

Im Folgenden werden Qualitätsmerkmale aus der Literatur erfasst und hinsichtlich ihrer quantitativen und qualitativen Relevanz eingeordnet. Diese betreffen vor allem Dimensionen der Prozess- und Strukturqualität, da die Konzeptqualität ihr Grundstein ist. Im Konzept können strukturelle Merkmale verankert und Prozesse beschrieben werden. Ergebnis- sowie Zugewinnqualität (erwünschter Zustand oder Wirkung) resultieren aus dem Beteiligungsprozess und sind nicht generell zu beschreiben, jedoch werden einige Kriterien beleuchtet.

Die Anzahl, wie oft bestimmte Merkmale benannt sind, hängt nicht mit deren qualitativer Relevanz zusammen, sondern beschreibt ausschließlich das Aufkommen in den ausgewählten Studien.

Die quantitative Relevanz der Merkmale, anhand der untersuchten Studien, lässt sich an den farbig markierten Feldern (rechts) erkennen:

- Tritt sehr häufig auf: ab 10 Nennungen
- Triff häufig auf: 7- 9 Nennungen
- Tritt manchmal auf: 4-6 Nennungen
- Tritt selten auf: bis 3 Nennungen

Tabelle 2.2:3: Qualitätskriterien, eigene Darstellung

<u>Strukturqualität</u>	<u>Literatur/ Studien</u>
Transparente (ggf. gemeinsam formulierte) **Ziele**	BMFSFJ 2015; Netzwerk Bürgerbeteiligung 2013; Mehr Demokratie 2012; BMVI 2014; Newiger-Addy 2016; Landsdown 2011; Bayrischer Jugendring 2012; Mauch 2014; Farin 2012; Allianz Vielfältige Demokratie 2017; Turek 2012; Goldschmied 2014,

Beteiligungskultur: Beteiligung ist gewollt/wird unterstützt, in der Öffentlichkeit sichtbar, Einbindung aller Akteure/ Erwachsene;	BMFSFJ 2015; Netzwerk Bürgerbeteiligung 2013; Staatsministerium Baden- Württemberg 2014; Mehr Demokratie 2012; Newiger-Addy 2016; Landsdown 2011; Mauch 2014; Allianz Vielfältige Demokratie 2017; Turek 2012; Stange & Tiemann (o.J.); Goldschmied 2014;
Zugang zu relevanter, zielgruppengerechter **Information** (Faktenklärung, Grenzen…)	Knauer & Sturzenhecker 2005; BMFSFJ 2015; Netzwerk Bürgerbeteiligung 2013; Staatsministerium Baden-Württemberg 2014; Mehr Demokratie 2012; BMVI 2014; Newiger-Addy 2016; Allianz Vielfältige Demokratie 2017; Turek 2012;
Transparentes, kooperatives Verfahren/ Planung/ Rahmenbedingungen/ Regeln	Knauer & Sturzenhecker 2005; Staatsministerium Baden- Württemberg 2014; Mehr Demokratie 2012; BMVI 2014; Newiger-Addy 2016; Landsdown 2011; Bayrischer Jugendring 2012; Allianz Vielfältige Demokratie 2017; Stange & Tiemann (o.J.);
Ressourcen (Zeit, Geld, Raum, kompetentes Personal), effizienter Einsatz	Knauer & Sturzenhecker 2005; BMFSFJ 2015; Netzwerk Bürgerbeteiligung 2013; Staatsministerium Baden-Württemberg (2014); Mehr Demokratie 2012; Bayrischer Jugendring 2012; Allianz Vielfältige Demokratie 2017; Turek 2012; Goldschmied 2014,
Zugang zur Partizipation, fairer **Auswahlprozess**, Repräsentative Beteiligung	Knauer & Sturzenhecker 2005; BMFSFJ 2015; BMVI 2014; Newiger-Addy 2016; Bayrischer Jugendring 2012; Allianz Vielfältige Demokratie 2017; Stange & Tiemann (o.J.); Goldschmied 2014,
Recht auf Partizipation, **kein Ausschluss** von Gruppen/Personen	Knauer & Sturzenhecker 2005; Bundesministerium für Familie, Senioren, Frauen und Jugend(BMFSFJ) 2015; BMVI 2014; Newiger-Addy 2016; Allianz Vielfältige Demokratie 2017; Goldschmied 2014,
Rahmen und Entscheidungsmacht klären	Knauer & Sturzenhecker 2005; Mehr Demokratie 1012; BMVI 2014; Kirkpatrick & Kirkpatrick 2006; Mauch 2014; Allianz Vielfältige Demokratie 2017; Goldschmied 2014;
Öffentlichkeitsarbeit, Teilnahmewerbung	BMVI 2014; Newiger-Addy 2016; Mauch 2014; Allianz Vielfältige Demokratie 2017; Turek 2012; Stange & Tiemann (o.J.);
Reflexion des Verfahrens/ **Evaluation**/ Qualitätssicherung (auch mit Beteiligten)	Knauer & Sturzenhecker 2005; BMFSFJ 2015; Landsdown 2011; Allianz Vielfältige Demokratie 2017; Turek 2012;
Rechenschaftspflicht über Beteiligung,	Landsdown 2011; Newiger-Addy 2016, Mauch 2014; Allianz Vielfältige Demokratie 2017; Turek 2012; Goldschmied 2014,
Dokumentation	Knauer & Sturzenhecker 2005; BMFSFJ 2015; Mauch 2014; Allianz Vielfältige Demokratie 2017; Turek 2012;

Vor- und Nachbereitung der Beteiligung (Bildungsmaßnahme, Kommunikations- und Beteiligungskompetenzen, Wissen)	BMVI 2014; Newiger-Addy 2016; Turek 2012; Stange & Tiemann (o.J.);
Themenwahl/ -beeinflussung durch Beteiligte; relevante Themen, Lebenswelt der Beteiligten	BMFSFJ 2015; Landsdown 2011; Bayrischer Jugendring 2012; Allianz Vielfältige Demokratie 2017; Stange & Tiemann (o.J.);
Frühzeitige Partizipation	Staatsministerium Baden-Württemberg 2014; BMVI 2014; Allianz Vielfältige Demokratie 2017; Stange & Tiemann (o.J.);
Kompetente neutrale **Moderation**	Staatsministerium Baden-Württemberg 2014; Mehr Demokratie 2012; Turek 2012;
Vorausschauende, kooperative **Prozessplanung**/ Konzept	BMVI 2014; Allianz Vielfältige Demokratie 2017; Stange & Tiemann (o.J.);
Flexibilität	Staatsministerium Baden-Württemberg 2014;
<u>**Prozessqualität**</u>	
Haltung der Erwachsenen: Wertschätzung, Kommunikation auf Augenhöhe, Fairness, Ernst genommen werden, Respekt, Beteiligte sind ExpertInnen;	Knauer & Sturzenhecker 2005; BMFSFJ 2015; BMVI 2014; Mauch 2014; Netzwerk Bürgerbeteiligung 2013; Staatsministerium Baden-Württemberg 2014; Newiger-Addy 2016; Landsdown 2011; Kirkpatrick & Kirkpatrick 2006; Turek 2012; Stange & Tiemann (o.J.);
Ergebnisoffenheit, verbindliche Entscheidungsspielräume	Knauer & Sturzenhecker 2005; Mauch 2014; BMFSFJ 2015; Netzwerk Bürgerbeteiligung 2013; Staatsministerium Baden-Württemberg 2014; Mehr Demokratie 2012; BMVI 2014; Bayrischer Jugendring 2012; Allianz Vielfältige Demokratie 2017; Turek 2012;
Anerkennung/ Qualifizierung	Knauer & Sturzenhecker 2005; BMFSFJ 2015; Newiger-Addy 2016; Kirkpatrick & Kirkpatrick 2006; Bayrischer Jugendring 2012; Turek 2012;
Vertrauen, Versprechen einhalten	Knauer & Sturzenhecker 2005; Landsdown 2011; Netzwerk Bürgerbeteiligung 2013; BMVI 2014; Landsdown 2011; Stange & Tiemann (o.J.);
Spaß, Attraktive Methoden	BMFSFJ 2015; Landsdown 2011; Kirkpatrick & Kirkpatrick 2006; Farin 2012; Allianz Vielfältige Demokratie 2017; Stange & Tiemann (o.J.);
Gleichberechtigung, Fairness, Inklusiv, evtl. geschlechterspezifisch (Redezeit, Positionen, Einfluss)	Knauer & Sturzenhecker 2005; Newiger-Addy 2016; Landsdown 2011; Mauch 2014; Turek 2012; Goldschmied 2014,
Freiwilligkeit	Knauer & Sturzenhecker 2005; Newiger-Addy 2016; Landsdown 2011; Mauch 2014; Turek 2012;

Qualitätsmerkmal	Quellen	
Aufwand- Nutzen- Verhältnis, positiver Effekt, Effizienz	BMVI 2014; Vielfältige Demokratie 2017; Stange & Tiemann (o.J.); Goldschmied 2014,	
Unterstützung bei Bedarf/Fragen	Knauer & Sturzenhecker 2005; Landsdown 2011; Stange & Tiemann (o.J.);	
Konfliktkultur, Risikomanagement, Sicherheit/ Schutz	Knauer & Sturzenhecker 2005; Newiger-Addy 2016; Landsdown 2011;	
Revidierbarkeit, Scheitern, Fehler/ Entscheidungen rückgängig machen	Knauer & Sturzenhecker 2005; Mehr Demokratie 2012; Landsdown 2011; Allianz;	
Ergebnisqualität		
Zeitnahe, verbindliche Umsetzung	BMFSFJ 2015; Netzwerk Bürgerbeteiligung 2013; Stange & Tiemann (o.J.); Goldschmied 2014,	
Zugewinnqualität		
Persönlicher **Zugewinn**, Kompetenzentwicklung, Lernen, Erleben	BMFSFJ 2015; Netzwerk Bürgerbeteiligung 2013; BMVI 2014; Kirkpatrick & Kirkpatrick 2006; Goldschmied 2014,	
Engagement stärken, Motivation für weitere Beteiligung	BMFSFJ 2015; Kirkpatrick & Kirkpatrick 2006;	
Netzwerk für Beteiligung; Kontakt/ Zusammenarbeit mit (neuen) Kinder/Jugendlichen/Erwachsenen	BMFSFJ 2015; Kirkpatrick & Kirkpatrick 2006;	

Nach der Vorstellung der Qualitätsmerkmale wird im Folgenden kurz dargestellt, weshalb Partizipationsprozesse scheitern können.

2.2.7   Kritische Erfolgsfaktoren für Partizipation

Der Fokus dieser Arbeit liegt nicht auf der Suche nach Aspekten für das Scheitern von Partizipation, sondern auf Erfolgsfaktoren. Da Gründe für den Misserfolg meist in der Missachtung oder nicht ausreichenden Ausführung der bereits genannten Qualitätskriterien liegen, findet im Folgenden nur eine Aufzählung von kritischen Erfolgsfaktoren statt (vgl. Kegelmann, 2013; Newig 2003; Zilleßen,1998):

- Die Beteiligung sollte von Entscheidungsträgern sowie alle Beteiligten gewollt und freiwillig stattfinden. Hierbei spielt auch der Aspekt von fairen Zugangsvoraussetzungen und einer gerechten Prozessgestaltungen eine entscheidende Rolle.

- Ohne ausreichend verständliche Informationen, Vorbereitung und einen erkennbaren Nutzen kann Beteiligung über komplexe Themen abschreckend sein oder zu einer (Macht- oder Informations-)Asymmetrie zwischen den Akteuren führen.
- Auch eine negative Voreingenommenheit gegenüber den Entscheidungsträgern kann BürgerInnen von Beteiligung abhalten.
- Das Thema muss für Partizipation geeignet sein und Handlungsspielräume beinhalten.
- Durch Beteiligung darf das Gemeinwohl nicht gefährdet werden, indem beispielsweise Personengruppen ausgeschlossen oder durch Entscheidungen benachteiligt werden.
- Im Prozess sollten Interessensgegensätze aufgegriffen und Konflikte angesprochen werden, um eine Verhärtung von Problemen zu vermeiden.
- Die Zielsetzung, Rollen und Aufgabenverteilung sollten für alle Beteiligten transparent sein.
- Es sollten passgenaue und altersgerechte Instrumente sowie Methoden eingesetzt werden.
- Ressourcen, wie Geld, Zeit, Material und Personal müssen ausreichend zur Verfügung stehen.
- Beteiligung muss von Entscheidungsträgern ernst genommen werden und Wirkung zeigen.
- Kommunikationsstrukturen und Rechenschaft sind für den gesamten Partizipationsprozess notwendig.

Im Folgenden werden sechs unterschiedliche Pilotprojekte der Kinder- und Jugendbeteiligung in Südbaden vorgestellt. Anschließend wird erläutert, wie Kinder- und Jugendbeteiligungskonzepte evaluiert werden können und welcher Untersuchungsansatz in der folgenden Arbeit verfolgt wird.

2.3 Beteiligung in der Praxis- Sechs kommunale Pilotprojekte

Im Folgenden werden die sechs südbadischen Kinder- und Jugendbeteiligungsprojekte vorgestellt, welche im Rahmen dieser Arbeit evaluiert werden. Die Beschreibungen resultieren aus einer Dokumentenanalyse. Zur Vergewisserung, dass entscheidende Elemente nicht fehlen, wurden die Konzepte von jeweils zwei ExpertInnen aus der Praxis gegengelesen. Die Entwicklung der Beteiligungskonzepte in Gundelfingen und Waldkirch fand in Begleitung durch das Regierungspräsidiums Freiburg sowie der Landeszentrale für politische Bildung Baden-Württemberg statt. Das Modell der Entwicklung ist dem Anhang zu entnehmen (Kapitel: 9.6). Eine Gemeinsamkeit aller Beteiligungsprozesse ist, dass die Kooperation zwischen Kommune und Schule ein entscheidender Bestandteil war. Sie hatten zudem alle eine ähnliche Zielsetzung (vgl. Kapitel 2.4.3), richteten sich an SchülerInnen der weiterführenden Schulen und beinhalteten eine oder mehrere formell koordinierte Veranstaltungen. Im Anschluss an die einzelnen Projektvorstellungen werden die Prozesse in einem Ablaufdiagramm dargestellt.

2.3.1 Juparti in Kirchzarten

Das Partizipationskonzept der Gemeinde Kirchzarten ist aus zwei Säulen aufgebaut, die jeweils aus zwei Bausteinen bestehen:

1. **Bildung:** *Juparti macht Schule.* Intensive politische Bildung für alle siebten oder achten Klassen; Workshop und Wahlen in allen Klassen
2. **Beteiligung:** *Juparti* als Veranstaltung und die daraus entstehenden Projektgruppen

Das Konzept ist zirkulär aufgebaut und soll sich jährlich in Form von diesen vier Bausteinen wiederholen (vgl. Abbildung 2.3:1 Partizipationskonzept Juparti).

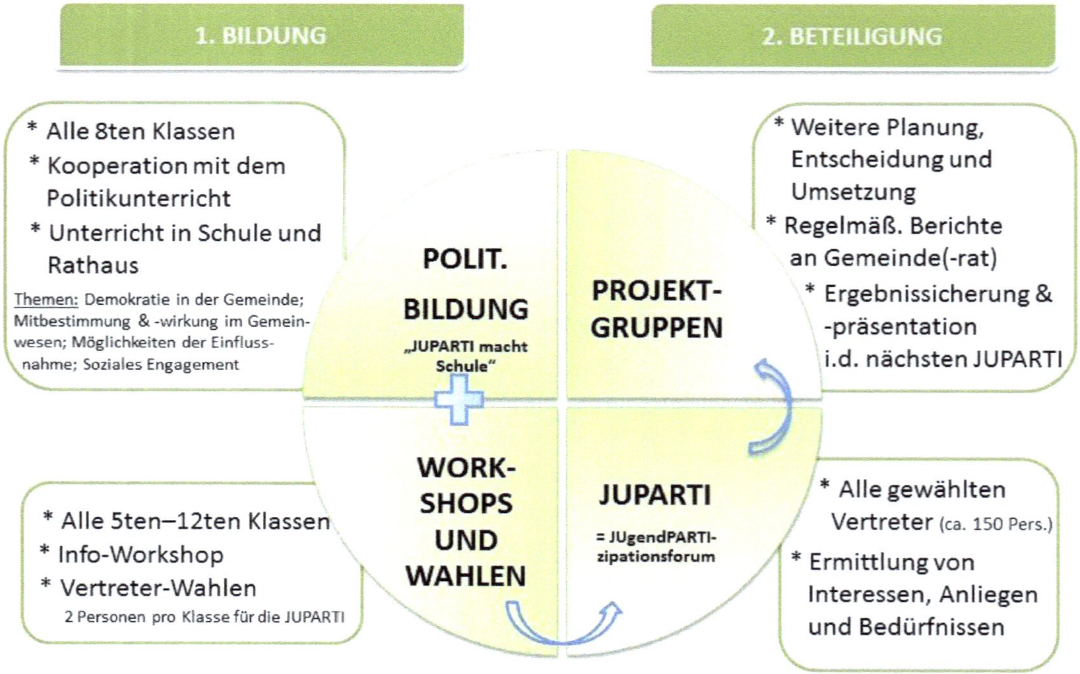

Abbildung 2.3:2 Partizipationskonzept Juparti, eigene Darstellung, Kinder- und Jugendbüro Kirchzarten

Mit der sogenannten *Juparti* (JUgendPARTIzipation) ist eine Beteiligungsform entstanden, die allen Kindern und Jugendlichen in Kirchzarten zugänglich ist. Sie ist das Herzstück des Beteiligungsprojektes, an dem neben den Kindern und Jugendlichen auch der Gemeinderat, Bürgermeister, Trägerverein, Schulen und die offene Jugendarbeit vertreten sind.

Die Themen der jeweiligen *Juparti* sind zum einen aus den Interessen der SchülerInnen abgeleitet, welche bei dem Partizipationsworkshop *Juparti macht Schule* erarbeitet werden. Zum anderen haben Kinder und Jugendliche das ganze Jahr über die Möglichkeit die Verantwortlichen im Jugendbüro anzusprechen und Projekte zu initiieren. Weitere jugendrelevante Themen werden aus den Fachbereichen der Gemeinde rekrutiert. Ein wichtiges Element in der Umsetzung ist hierbei ein *Laufzettel*, welcher vor dem Beschluss des Haushaltsplans mit allen Abteilungsleitungen besprochen wird. In dem *Laufzettel* werden alle kinder- und jugendrelevanten Themen erfasst und auf Dringlichkeit, Relevanz, Wirksamkeit, Ressourcen, Unterstützung und Nachhaltigkeit überprüft. Auch der Gemeinderat (inkl. Bürgermeister) kann Ideen mit einbringen.

Durch die Verankerung im Gemeindeleben und in den vorhandenen Schulstrukturen soll eine Nachhaltigkeit geschaffen werden. Die *Juparti* sowie *Juparti macht Schule* ist an allen Schulen der Gemeinde (Grundschulen, Werkrealschule, Realschule, Freie Schule, Förderschule und Gymnasium) implementiert. Die gewählten VertreterInnen aller Schulklassen können während der Tagesveranstaltung die Anliegen, Interessen und Bedürfnisse ihrer Peergroup einbringen sowie mit niederschwelligen, altersgerechten Methoden erarbeiten. Außerdem werden Kinder und Jugendliche mit eingebunden, welche ihren Lebensmittelpunkt in Kirchzarten haben, jedoch nicht vor Ort wohnen oder nicht in Kirchzarten zur Schule gehen, eine Ausbildung machen oder außerhalb studieren. Aus den bei der *Juparti* entstandenen Anliegen werden Projektgruppen gebildet, bei denen nicht nur die interessierten gewählten VertreterInnen, sondern auch weitere Jugendliche teilnehmen können. Die Projektgruppen werden von der Jugendsozialarbeit der Gemeinde begleitet und unterstützt.

Kindergartenkinder sowie GrundschülerInnen wurden in der Partizipationsveranstaltung *JuJuparti* (JUniorenJUgendPARTIziaption) beteiligt. Der Aufbau orientiert sich an dem Konzept der *Juparti*.

Als Anerkennung und gemeinsame Feier der *Juparti* gibt es neben einem gemeinsamen Mittagessen, der Anwesenheit von VerwaltungsmitarbeiterInnen sowie dem Gemeinderat noch am selben Tag eine After-Party im Jugendzentrum.

Die nächste Abbildung zeigt, wie Demokratiebildung im Konzept der *Juparti* aufgebaut ist.

Abbildung: 2.3:3 Bildungsbaustein *Juparti macht Schule*, Schweizer 2017

Juparti macht Schule hat die Aufgabe der politischen Bildung. In Kooperation mit dem Gemeinschaftskundeunterricht werden in

Workshops Inhalte, wie die Aufgaben der Gemeinde, das Recht auf Beteiligung, das Beteiligungskonzept in Kirchzarten, soziales Engagement oder aktuelle politische Themen erarbeitet. Die Klassen, welche an *Juparti macht Schule* teilnehmen, stellen als MultiplikatorInnen das Partizipationskonzept vor und führen die *Juparti*-Wahlen in ihrer Schule durch.

Folgender Ablauf gibt einen Überblick über den Beteiligungsprozess in Kirchzarten:

Abbildung 2.3:4: Ablauf der Kinder- und Jugendbeteiligung in Kirchzarten, eigene Darstellung

2.3.2   Gundelfinger Modell in Gundelfingen

Schulartübergreifend wurde im Jahr 2017/2018 das Partizipationskonzept *Gundelfinger Modell* entwickelt. Aktiv waren hierbei Lehrkräfte und SchülerInnen der Förderschule und Gemeinschaftsschule sowie des Gymnasiums.

Das Modell ist so aufgebaut, dass jede Schule im Gemeinschaftskundeunterricht den SchülerInnen das Jugendbeteiligungskonzept erklärt und zur Diskussion stellt. Eventuelle Änderungswünsche können dann im Prozess mit einfließen. Anschließend werden im Schülerrat oder in der Schülermitverantwortung (SMV) die sogenannten *AußenministerInnen* gewählt. Die AußenministerInnen sind das Bindeglied zwischen dem Schülerrat, der SMV, dem Gemeinderat sowie der Kommunalverwaltung. Von Seiten der Politik, werden in allen Gemeinderatsfraktionen Jugendbeauftragte bestimmt, welche mit der Schule und den *AußenministerInnen* kooperieren. Wiederrum im Jugendausschuss befinden sich alle *AußenministerInnen* der unterschiedlichen Schulen, die Jugendbeauftragten, der/die BügermeisterIn und die JugendreferentInnen der Gemeinde.

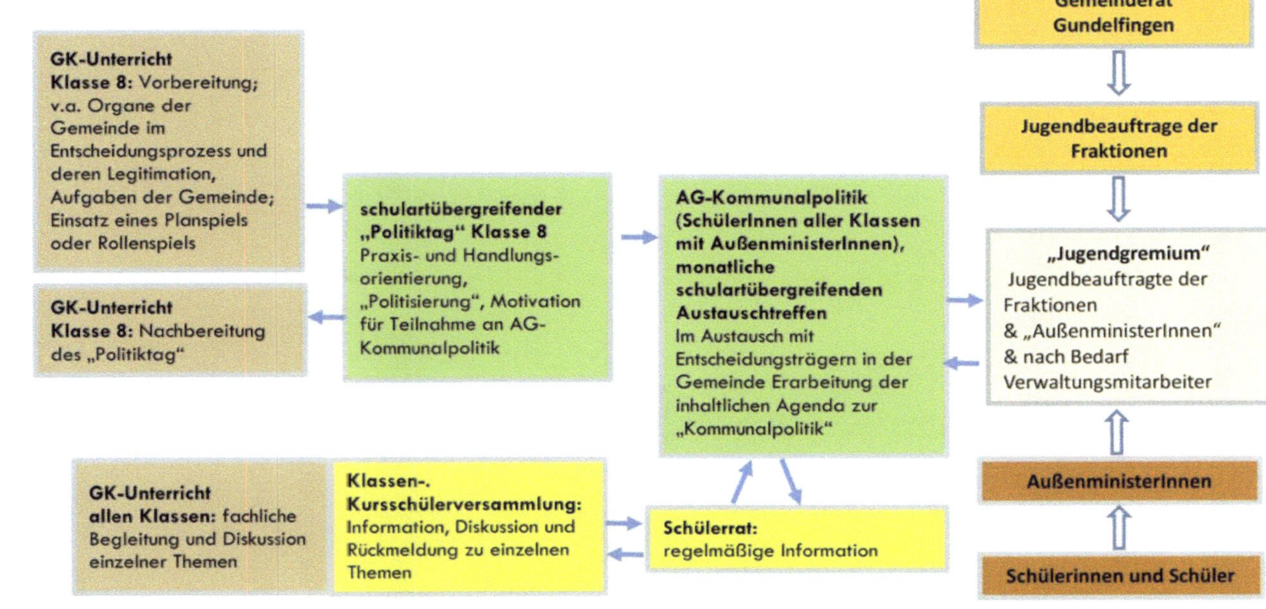

65 Abbildung 2.3:5: Gundelfinger Modell, Kübler & Pomp, 2018

Das Ablaufmodell stellt den Entstehungsprozess des *Gundelfinger Modells* dar.

Abbildung 2.3:6 Ablauf der Kinder- und Jugendbeteiligung in Gundelfingen, eigene Darstellung

2.3.3 Jugendbeteiligung in Waldkirch

In Waldkirch wurde in drei weiterführenden Schulen eine auf die Kommune bezogene Befragung durchgeführt. Die Klassen 5 bis 10 und die Kursstufe wurden zu den Stärken und Schwächen ihrer Kommune befragt und welche Anliegen für sie wichtig sind. Rund 1.500 SchülerInnen haben in ihren Klassen, meist mit den KlassenlehrerInnen, an dieser 45- bis 90-minütigen Einheit gearbeitet. Außerdem wurde in manchen Schulen und Klassen in einer 45 bis 90 minütigen Unterrichtseinheit das Thema

Kommunalpolitik behandelt und je Klasse zwei BotschafterInnen gewählt.

Die BotschafterInnen aus allen Klassen kamen zu einer Beteiligungswerkstatt (Tag der BotschafterInnen) zusammen. Dort wurden die ersten Vorstellungen für ein weitergehendes Jugendbeteiligungsmodell entwickelt, das auch zukünftig eng mit den Schulen umgesetzt werden soll. Eine ‚Projektgruppe Jugendbeteiligung' wurde eingerichtet. Im weiteren Verlauf wurden Jugendforen zu einzelnen Themen entwickelt, welche mindestens vier Mal im Jahr tagen. Über die Foren findet ein Austausch mit dem Oberbürgermeister oder den GemeinderätInnen statt. Zwei Personen werden am „Tag der BotschafterInnen" ins Leitungsteam gewählt, welches aktuelle Anliegen dem Gemeinderat oder den Ausschüssen vorträgt. Das Leitungsteam bekommt als Entschädigung Sitzungsgeld (Wenzl, 2018).

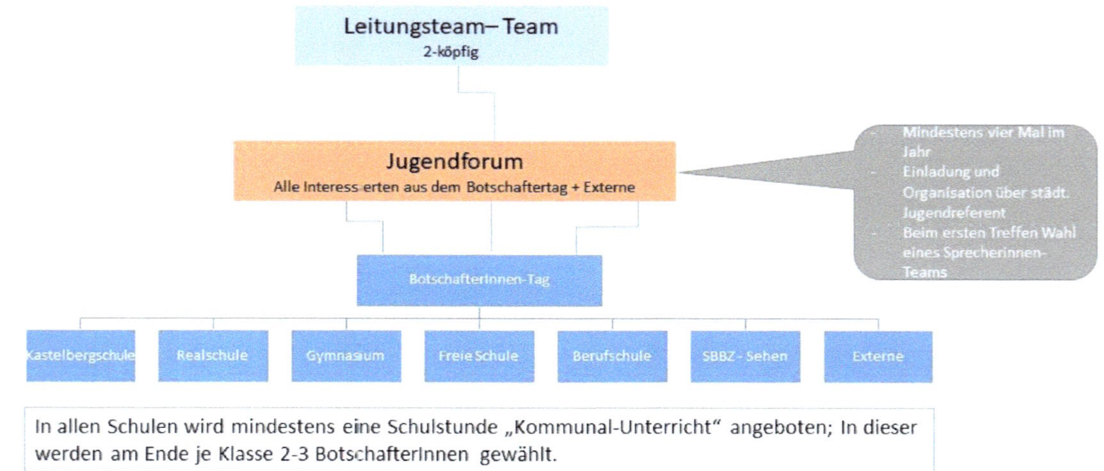

Abbildung 2.3:7 Verfahren Jugendbeteiligung Waldkirch, Wenzl, 2018

Der Beteiligungsprozess in Waldkirch hat viele unterschiedliche Bestandteile. Zur zeitlichen Einordnung gibt folgende Darstellung einen Überblick.

Abbildung 2.3:8: Ablauf der Kinder- und Jugendbeteiligung in Waldkirch, eigene Darstellung

2.3.4   Beteiligungswerkstatt in Stühlingen

Das Jugendbeteiligungskonzept in Stühlingen ist derzeit am Entstehen. Vorrangig haben sich dabei drei Kooperationspartner zusammengeschlossen: Die Realschule, die Verwaltung und politische VertreterInnen. Es haben bereits Planungstreffen mit SMV, Lehrkräften, der Schulleitung, Verwaltungsmitarbeitern und dem Bürgermeister stattgefunden. Das Ergebnis dieser Sitzungen war ein erster Fahrplan für den Beteiligungsprozess. Zu einer ersten Beteiligungswerksstatt wurden SchülerInnen der Stühlinger

Realschule eingeladen sowie auch SchülerInnen, die in Stühlingen wohnen, aber Schulen außerhalb von Stühlingen besuchen. Die Einladung erreichte die Kinder und Jugendlichen über einen persönlichen Brief des Bürgermeisters. Zur Vorbereitung wurden in jeder Klasse der Realschule Themen ausgewählt. Am Tag der Beteiligungswerkstatt konnten die SchülerInnen in Kleingruppen Themen auswählen und erarbeiten, welche für sie relevant sind. Eine Woche nach den Workshops wurden die Ergebnisse von freiwilligen VertreterInnen im Gemeinderat vorgestellt. Außerdem wurde an diesem Tag vom Gemeinderat beschlossen, dass die Jugendbeteiligung, angelehnt an das Gundelfinger Modell (siehe oben), weiterhin fortgeführt werden soll. Der noch junge Prozess gliedert sich wie folgt:

Abbildung 2.3:9: Ablauf der Kinder- und Jugendbeteiligung in Stühlingen, eigene Darstellung

2.3.5   Der Achterrat in Waldshut-Tiengen

Die Idee den *Achterrat* in Waldshut-Tiengen einzuführen, entstand durch die Einführung des Paragraphen 41a der Gemeindeordnung, einer vorausgegangenen Jugendstudie und den bis dato vereinzelt durchgeführten Partizipationsprojekten. Der *Achterrat* soll eine Instanz zur Förderung von Jugendbeteiligung sein und setzt sich aus SchülerInnen der achten Klassen zusammen.

Dabei steht für die AchtklässlerInnen die intensive, lösungsorientierte Auseinandersetzung mit jugendrelevanten Themen ebenso im Vordergrund, wie die Übermittlung von Ideen und Wünschen an EntscheidungsträgerInnen der Kommune. Mit dem Modell soll Engagement, Verantwortungsbewusstsein und die Identifikation mit dem Lebensumfeld gefördert werden. So hatte bisher jede Schule in Waldshut-Tiengen die Möglichkeit 30 AchtklässlerInnen in den *Achterrat* zu entsenden. Dabei war es den Schulen überlassen, wer den *Achterrat* besuchen durfte. Die insgesamt 500 SchülerInnen versammelten sich mehrmals in der Stadthalle, entwickelten Themen, Ideen und Verbessrungsvorschläge, die sie und die Stadt betreffen. Dabei erhielten sie Unterstützung von Moderatoren aus der Schulsozialarbeit und der offenen Jugendarbeit sowie von ExpertInnen. Die konkreten Veränderungsvorschläge der 13 entstandenen Themen wurden in einer Sondersitzung des Gemeinderats vorgestellt und teilweise entschieden. Ziel war es Kompromisse zu finden, Ergebnisse umzusetzen und die Jugendlichen weiterhin mit einzubeziehen. Nach dem Prozess innerhalb eines Schuljahres werden Jugendliche aus den nachfolgenden achten Klassen beteiligt. Wie sich der Übergang von diesem zum nächsten Achterrat gestaltet, steht noch nicht fest.

Zusammenfassend kann die Entstehung der Jugendbeteiligung in Waldshut-Tiengen, folgendem Ablauf entnommen werden:

Abbildung 2.3:10: Ablauf der Kinder- und Jugendbeteiligung in Waldshut-Tiengen, eigene Darstellung

2.3.6 Jugendhearing in Bad Krozingen

In Form von Jugendhearings wird in Bad Krozingen seit 2014 Kinder- und Jugendbeteiligung durchgeführt. Im Jahr 2016 wurde in einer Beteiligungswerkstatt mit BotschafterInnen aus der SMV der weiterführenden Schulen, dem Gemeinderat, dem Jugendteam des Jugendzentrums und der Verwaltung ein Beteiligungsmodell entwickelt. Die Besonderheit an diesem Projekt ist der vergleichsweise hohe Anteil an ePartizipation. Das meint die Teilhabe mittels Informations- und Kommunikationstechnik (Leitner & Müller-Török 2011; Albrecht et al. 2008), das heißt es werden neue Medien eingesetzt, um Themen und Meinungen der SchülerInnen zu erfassen. Bad Krozingen verwendet hierfür neben analogen Möglichkeiten, auch Webapps auf Tablets zur Übermittlung und Erfassung von Themen und Meinungen. Von der Beteiligung erfahren die Kinder und Jugendlichen, indem die JugendreferentInnen vor Ort (Jugendzentrum und Schulhof) und in den einzelnen Klassen der weiterführenden Schulen präsent sind. Die moderierten Jugendhearings werden an Stellwänden, mit sozialraumorientierten Kartographieren und dem Einsatz von Befragungen an Tablets durchgeführt. Diese Idee der Umsetzung wurde von Jugendlichen erarbeitet und durch Evaluationen auf Praxistauglichkeit überprüft. Folgende Grafik stellt das entwickelte Modell dar:

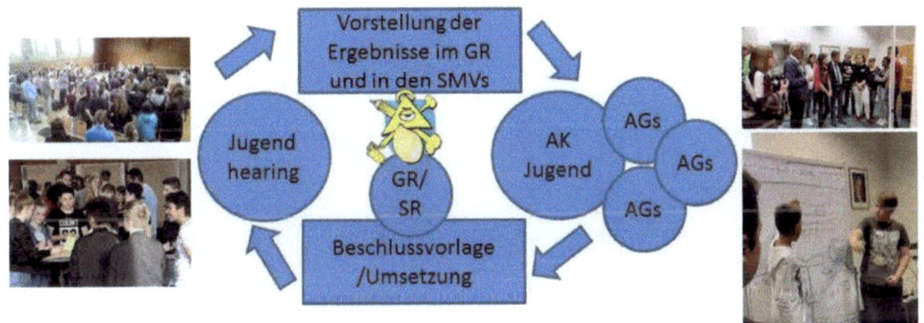

Abbildung 2.3:11: Darstellung des Jugendbeteiligungskonzepts Bad Krozingen, Stadtverwaltung Bad Krozingen 2018

Im Jahr 2018 durften erstmals nicht nur RepräsentantInnen an den Jugendhearings teilnehmen, sondern alle SchülerInnen. Möglich war das durch die offene Form des Konzeptes: Kinder und Jugendliche können mit ihrer Klasse oder in Pausen sowie vor und nach der Schule das Jugendhearing besuchen, welches auf dem Schulhof stattfindet. Zusammenfassende Darstellungen, in denen Meinungen,

Ideen und Verbesserungsvorschläge der jungen BürgerInnen erfasst sind, dienten der Gemeindeentwicklungskonferenz 2018. Außerdem gibt es seit 2015 regelmäßig stattfindende *Minecraft*-Workshops. Das dreidimensionale Gestalten von Sozialraum mit der Software *Minecraft* wird ebenfalls als Beteiligungs-Tool eingesetzt.

Aus den Ergebnissen der Jugendkonferenzen resultieren zu unterschiedlichen Themen Beschlussvorlagen, welche dem Gemeinderat vorgelegt werden. Außerdem entstehen Arbeitskreise sowie kleinere Arbeitsgemeinschaften, in denen sich verschiedene Gruppierungen thematisch spezialisieren. Der Entstehungsprozess der Kinder- und Jugendbeteiligung in Bad Krozingen, wird in folgendem Modell aufgeführt:

Abbildung 2.3:12: Ablauf der Kinder- und Jugendbeteiligung in Bad-Krozingen, eigene Darstellung

Zusammenfassende Darstellung der Beteiligungskonzepte

Tabelle 2.3:1: Zusammenfassung: Beteiligungskonzepte, eigene Darstellung, nach Statistisches Landesamt 2016, Konzeptbeschreibungen aus Kommunen, 2018

	Kirchzarten	Gundelfingen	Waldkirch
Bevölkerung (2016)	9 869 Personen	13 475 Personen	21 786 Personen
Schulformen	SBBZ, Förderschule, Werkrealschule, Realschule, Gymnasium	SBBZ, Gesamtschule, Gymnasium	Freie Schule, Gemeinschafts- schule, Realschule, Gymnasium
Wer nimmt teil?	2 SchülerInnen pro Klasse und weitere Interessierte	Alle im Forum, 1-4 VertreterInnen pro Schule	SMV, 8. Klassen, 2BotschafterInnen pro Klasse
Teilnahme- bedingungen	VertreterInnen- Wahl oder eigenständige Anmeldung	VertreterInnen- Wahl in der Klasse oder SMV	VertreterInnen- wahl in den Klassen
Beteiligte SchülerInnen pro Jahr (2017/2018)	*Juparti*: 120 Projekte: 220 Bildung: 240	Außenminister- Innen: 6 Politiktag: 135	Befragung: 1400 Werkstadt: 130 AG-Beteiligung: 15 SMV-Coaching: 120
Ressourcen (aktuell)	40 % Personal, Budget im Haushalt	Externe/r BeraterIn, Projektförderung	Externe/r BeraterIn, Projektförderung
Themenwahl durch Jugend/	Ja	Ja	Ja
Verwaltung/ Politik	Ja	Nein	Nein
Wie? (Welche Methoden?)	Beteiligungs- workshops (Methodenmix), Jugendforum, Projektgruppen	Jugendforum, Außenminister- Innen (Versammlungen) Politik-AG	Jugendhearing, Jugend- vertreterInnen,

Die Tabelle 2.3:1 wird im Folgenden fortgeführt.

	Waldshut-Tiengen	Stühlingen	Bad Krozingen
Bevölkerung (2016)	23 873 Personen	5 143 Personen	19 136 Personen
Schulformen	Förderschule, Werkrealschule, Realschule, Gymnasium	Realschule,	Werkrealschule, Realschule, Gymnasium
Wer nimmt teil?	30 Achtklässler-Innen/ Schule	Bisher alle SchülerInnen	Alle, Gruppen je nach Thema und Aktion
Teilnahme-bedingungen	Auswahl durch Schule	Keine, alle SchülerInnen	Eigenes Interesse/ Initiative
Beteiligte SchülerInnen pro Jahr (2017/2018)	Beteiligung: 200	Gesamte Realschule: 355	Jugendhearing: 539
Ressourcen (aktuell)	Externe/r BeraterIn, Projektförderung	Externe/r BeraterIn, Projekt-förderung	Bestehende Finanzen/ Personal der Jugendarbeit
Themenwahl durch Jugend/ Verwaltung/ Politik	Ja	Ja	Ja
	Nein	Nein	Ja
Wie? (Welche Methoden?)	Ratssitzungen (Methodenmix)	Jugendhearing (Gruppenarbeit)	Jugendhearing mit Stellwänden & Tablets, AK Jugend, Jugend-AG's,

2.4 Evaluation von Kinder- und Jugendbeteiligung

Die Abbildung 2.4:1 stellt den Evaluationsprozess der vorliegenden Arbeit dar. Um den Zielen der Evaluationsstudie gerecht zu werden (vgl. Kapitel 2.4.3), ist die Evaluation in einem Mixed-Methods-Design aus qualitativer sowie quantitativer Forschung aufgebaut. Das Design setzt sich aus einer quantitativen Onlinebefragung, welche durch vier qualitative Fragen ergänzt wurde, sowie qualitativen Experteninterviews zusammen. Die Befragung richtete sich an TeilnehmerInnen der Pilotprojekte (vgl. Kapitel 4.1.1). Die Interviews wurden mit projektverantwortlichen Erwachsenen durchgeführt (vgl. Kapitel 4.1.3).

Die gewonnenen Erkenntnisse der Evaluation werden den beteiligten Kommunen rückgemeldet. Für die Allgemeinheit werden aus dem Erkenntnisgewinn Leitlinien entwickelt.

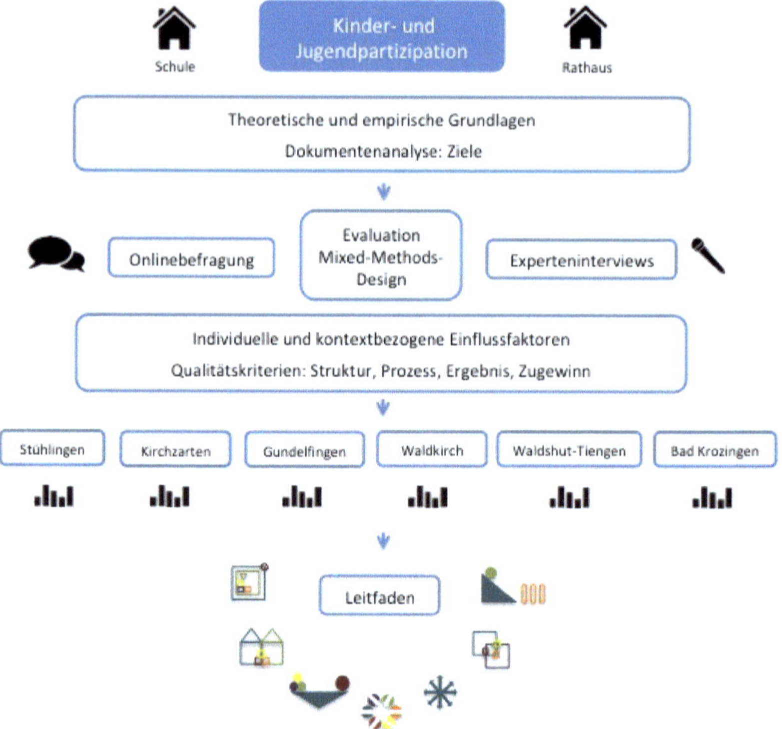

2.4.1 Rahmenbedingungen der Evaluation

In der (öffentlich zugänglichen) Literatur finden sich unterschiedliche Formen und Konzepte der Evaluation von Beteiligungsprojekten. Allerdings gibt es keine allgemeingültige Form, welche auf Kinder- und Jugendbeteiligung spezialisiert ist und die für die abschließende Evaluation der Pilotprojekte geeignet wäre. Aufgrund dessen war es naheliegend ein eigenes Vorgehen zu entwickeln, welches sich einzelner Elemente bisheriger Evaluationsprozesse bedient. Im Folgenden werden die Rahmenbedingungen der Evaluation beschrieben und anschließend das Vorgehen und der Aufbau der Evaluation näher erläutert.

Da alle Pilotprojekte mindestens einmal durchgeführt worden sind, wird die Evaluation summativ durchgeführt (Dietz & Stern, 2008). Ziel ist die Bilanzierung des Vorhabens. Zu diesem Zweck soll untersucht werden, inwieweit bestimme Qualitätskriterien zur Zielerreichung beigetragen haben. Hierbei werden nicht nur Ergebnisse und Wirkungen untersucht, sondern auch Prozess- und Strukturqualitäten. Auf der analytischen Ebene beinhaltet die Evaluation einen Formatvergleich, bei dem unterschiedliche Beteiligungsformate, -konzepte und -vorgehen gegenübergestellt werden (Rowe & Frewer, 2000). Daher werden Verbesserungsvorschläge, positive und negative Aspekte sowie Qualitätsmerkmale hinsichtlich der unterschiedlichen Vorgehensweisen erfasst und gebündelt dargestellt. So können Empfehlungen für zukünftige Prozesse gegeben werden. Damit erfüllt die Evaluation eine Erkenntnis- sowie Entwicklungsfunktion für die einzelnen Standorte. Die Ergebnisse der vorliegenden Arbeit werden zusätzlich *Leitlinien für kommunale Kinder- und Jugendpartizipation in Kooperation mit Schulen* zusammengefasst (Kapitel 6). Die Evaluation reicht von der kommunalen Ebene (einzelne Städte/ Gemeinden) bis hin zur regionalen Ebene (Baden-Württemberg). Die Zeitspanne der Evaluation ist beschränkt da nur das Ergebnis untersucht werden kann und keine formative Evaluation stattfand. Trotzdem wird durch den Einsatz von unterschiedlichen Methoden versucht mehr als nur einen *Snapshot* darzustellen, um den Bezugspunkt auszudehnen und die Fehleranfälligkeit zu reduzieren (Rosener, 1978, In: Goldschmidt, 2014).

Die externe Evaluatorin und Verfasserin dieser Arbeit hat durch ihre langjährige Tätigkeit in der kommunalen Kinder- und Jugendarbeit fachliche Kompetenzen im Bereich der Leitung, Organisation und Entwicklung von Beteiligung erlangt. Ihre Methodenkompetenz basiert unter anderem auf der bereits erfolgten eigenständigen Durchführung unterschiedlicher Evaluationen (Schweizer, 2014, 2017, 2018). Zusätzlich war bei der Durchführung der vorliegenden Evaluation der Austausch der Autorin mit der Landeszentrale für politische Bildung Baden-Württemberg, mit dem Regierungspräsidium Freiburg, sowie mit einem Forschungsteam (V.W. Doktorand der Physikdidaktik, S.R. Master Psychologie) von zentraler Bedeutung. Auch die Hochschule für öffentliche Verwaltung in Kehl (stellvertretend: Herr Prof. Dr. Jürgen Kegelmann und Herr Jochen Kupfer) unterstützten den umfangreichen Forschungsprozess.

Der Vorteil einer externen Evaluation besteht darin, dass die EvaluatorInnen unabhängig sind. Es besteht jedoch die Gefahr, dass die ForscherInnen einzelne Details möglicherweise nicht kennen oder fehlinterpretieren (Rowe & Frewer, 2004).

Da nicht ausreichend deduktiv-nomologische Kenntnisse im Bereich der Beteiligungsevaluation vorliegen, besteht die Evaluation aus einer Kombination von deduktivem und induktivem Vorgehen. Die größtenteils quantitative Onlinebefragung der SchülerInnen, die an dem Pilotprojekt teilgenommen haben, ist deduktiv aufgebaut. Der Aufbau der abgefragten Indikatoren sowie die daraus resultierende Kategorienbildung erfolgte theoriegeleitet. Die interne Konsistenz der Faktoren wurde durch Cronbachs Alpha Wert überprüft. Anschließend wurde in einer explorativen Faktorenanalyse überprüft, welche Items sich zu Faktoren zusammenschließen. Die vier qualitativen Fragen der Befragung wurden wiederum induktiv ausgewertet, um eine möglichst große Vielfalt an Antworten zu erfassen (vgl. Kapitel 4.2.3). Die qualitativen, standardisierten Experteninterviews wurden ebenfalls induktiv ausgewertet (vgl. Kapitel 4.2.2).

2.4.2   Entwicklung der Evaluation

Zur Entwicklung des Designs der vorliegenden Arbeit wurden unterschiedliche Konzepte und Strukturen von Evaluationen analysiert und bewertet. Folgender Abschnitt soll einen Überblick, der Evaluationsmodelle von Kinder- und Jugendbeteiligung geben, welche in der Literatur häufig zitiert werden oder Einfluss auf die vorliegende Arbeit genommen haben.

Als grundlegende Orientierung bezüglich der Haltung von Jugendlichen zu Politik, dienten die Studien *Jugendsurvey* und die Langzeitstudie *Aufwachsen in Deutschland: Alltagswelten* des Deutschen Jugendinstituts (Gille et al. 2006; Deutsches Jugendinstitut 2009). Eine Längsschnittstudie von Knauer und Sturzenhecker (2005) bietet zudem einen Überblick zu Voraussetzungen und Qualitätsstandards von Kinder- und Jugendpartizipation.

Das *Framework for Monitoring and Evaluating Children´s Participation,* herausgegeben von Save the Children et al. (2014), liefert ein standardisiertes Modell zur weltweiten Kinder- und Jugendbeteiligungsevaluation von Qualitätskriterien. In sechs umfassenden Toolkits werden Methoden zur Datenerhebung vorgestellt. Diese sind allerdings sehr praxisorientiert und auf die Untersuchung der Korrelation der einzelnen Faktoren wird verzichtet. Auf Basis dieses Ansatzes ist es daher kaum möglich Wirkungen zu analysieren und zu prognostizieren.

Als Rahmenbedingung der Forschung wurden die zehn Leitprinzipien für dialogorientierte Evaluationen der Deutschen Kinder und Jugendstiftung (DKJS, 2014) berücksichtigt. Diese sollen neben einem Wissens- und Erkenntnisgewinn zur Kontrolle beziehungsweise Legitimation von Beteiligungsprojekten führen. Im Weiteren scheint die dialogorientierte Evaluation der DKJS ein sinnvoller Ansatz zu sein, jedoch sind Methodik und detailliertes Vorgehen nicht öffentlich zugänglich (ebd.).

Eine theoriegeleitete, hochwertige Zuordnung von Items beziehungsweise Indikatoren zu Qualitätskriterien bietet die Grundlagenforschung und Fragebogenkonstruktion von Goldschmidt. (2014) Allerdings ist dessen Evaluationsmodell auf Bürgerbeteiligungskonzepte ausgelegt und im Aufbau und der Fragestellung für Kinder und Jugendliche zu lange und zu komplex.

Trotzdem wurden Goldschmidts Metakriterien (Kompetenzentwicklung: Verstehen, Verständnis und Reflexion; Fairness: Verständigung zwischen Perspektiven und Interessen; Transparenz: Klarheit verfügbarer Information; Effizienz: Ressourcenoptimierung; Effektivität: Zielerreichung) im Folgenden beim Aufbau der Kategorien berücksichtigt.

Im „Qualitätsdialog Partizipation" des Deutschen Kinderhilfswerkes werden von Stange (2008) Qualitätskriterien und Standards kommunaler Kinder- und Jugendpartizipation definiert. Die Elemente des Evaluationsprozesses wurden in der vorliegenden Evaluation zur Einordnung der Qualitätsmerkmale und für die Zielformulierungen angewandt (vgl. Kapitel 2.4.3). So diente der standardisierte Aufbau von Stange der Einordnung von qualitativer und quantitativer Forschung. Allerdings war die Übertragung des Ansatzes auf das Interview mit den Erwachsenen und die Befragung der jungen Beteiligten gesamthaft nicht möglich, da es nicht alle gewünschten Bereiche abdeckt.

Eines der bekanntesten Evaluationsmodelle ist das Vier-Stufen-Modell von Kirkpatrick (1976). Kirkpatrick sieht vor, dass die Evaluationsergebnisse Reaction, Learning, Behaviour und Results einer (Trainings-) Maßnahme - anhand von Kriterien operationalisiert und analysiert werden können. Die vier Stufen bauen dabei aufeinander auf. Das heißt, der Erfolg auf einer Stufe ist die Voraussetzung für den Erfolg auf der nächsthöheren Stufe. Die Stufe der Reaktion impliziert daher die gesamte Zufriedenheit der Teilnehmenden. Ist diese Ebene nicht erfüllt, besteht laut Kirkpatrick keine Motivation zu Lernen (Stufe zwei). Von Wissenszuwachs, Verhaltensänderung hängt wiederum das Verhalten (Stufe drei) ab. Hierbei geht es vor allem um eine Verhaltensänderung auch in sonstigen Kontexten, beispielsweise am Arbeitsplatz. Diese dritte Stufe findet sich in anderen Modellen als „Transfer" wieder (Allinger, et al. 1997). Die vierte Stufe ist die finale Überprüfung der Ergebnisse sowie die Auswirkung auf Leistungen, Werte, gesellschaftliche Wirkungen und ähnlichem. In den vergangenen Jahren wurde das Modell von Kirkpatrick oft kritisiert, angepasst und verändert. In einigen Modellen ist beispielsweise eine fünfte Stufe mit einem Kosten-Nutzen-Verhältnis zu finden. Die Modelle wurden aus Erkenntnissen der Forschung über Lernprozesse optimiert, wie in nachfolgendem Modell angedeutet wird. Der Hauptkritikpunkt an dem Modell ist, dass in mehr als 30 Evaluationsstudien nach Kirkpatricks Modell nur geringe Korrelationen zu finden sind (Allinger, et al. 1997). Da individuelle und kontextuelle Faktoren, die den Partizipationsprozess beeinflussen, zudem im Modell nach Kirkpatrick nicht berücksichtigt werden konnte das Modell darüber hinaus nicht vollständig auf die Evaluation dieser Arbeit angewandt werden,. Lediglich die Beurteilung des Trainingseffekts konnte in Teilen übernommen werden. Jedoch wurden individuelle Faktoren und Rahmenbedingungen, wie beispielsweise die Selbstbestimmungstheorie der Motivation nach Deci und Ryan (1993) inkludiert.. Außerdem wurden weitere Einflussfaktoren, wie „Follow-up-Termine" in Zusammenhang mit der Bereitschaft weiterhin mitzuarbeiten (Rayhuda et al., 2014) oder Faktoren der sozialen Unterstützung (Massenberg et al., 2015) einbezogen. Auch Holten (1996) stellt in der Erweiterung des Modells von Noe (1986) die Relevanz der Beachtung von individuellen und kontextbezogenen Faktoren dar.

In der Evaluation der Beteiligungsprojekte dieser Arbeit, in denen der Kontext Schule und Kommune, einen großen Einfluss auf Handlungserfahrung und -bereitschaft haben, müssen die Rahmenbedingungen analysiert werden (vgl. Kapitel 2.2.6.1). Auch der Evaluationsansatz von Holten et al. (1997), welcher im Kontext von Trainings im Human Resource-Bereich zu finden ist, ist als bedeutsamer Anhaltspunkt für die vorliegende Evaluation anzusehen, da er 16 spezifische, generelle sowie kontextbezogene Erfolgsfaktoren beachtet. 2008 wurde das Modell in das deutsche Lerntransfer-System-Inventar übertragen und empirisch validiert. (Khasawneh, et al. 2006; Kauffeld et al. 2008; Kauffeld, 2015)

Die bereits angesprochene Transferleistung spielt auch im Bereich der Partizipationsevaluation eine entscheidende Rolle. Ziel der Transferleistung ist es, dass Erfahrungen und Lernerfolg auch auf weitere Beteiligungsprojekte anwendbar sind. Die Erfassung dieser Transferleistung übersteigt die Möglichkeiten der vorliegenden, summativen Evaluation. Um zukünftig Rückschlüsse auf den Transfer zu ermöglichen, werden In- und Outputfaktoren sowie Rahmenbedingungen trotzdem ansatzweise durch die qualitativen Interviews erfasst. Die Theorie zur Transferleistung von Baldwin und Ford (1988) wurde auf den Bereich der Kinder- und Jugendbeteiligung angepasst.

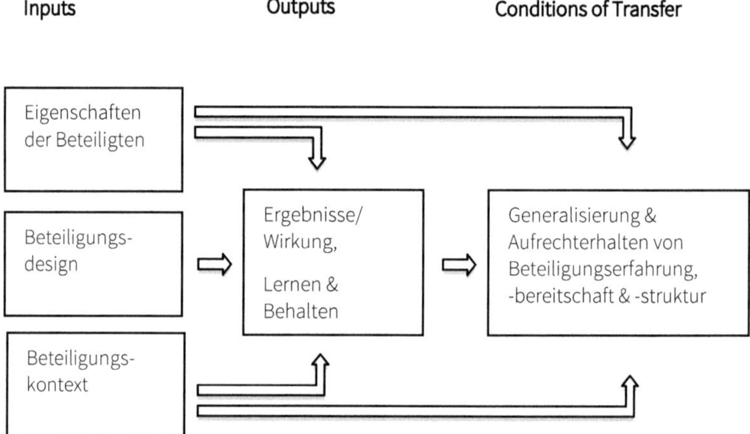

Abbildung 2.4:2: Transferprozess nach Baldwin & Ford, 1988, eigene Darstellung

Kombiniert werden demnach folgende Evaluationsansätze:

- Zielformulierung (nach den Pilotprojekten; aktueller Literatur)
- Rahmenbedingungen der Evaluation (Save the Children et al.; DKJS, DeGEval)
- Evaluationsprozess (Stange, Meinhold-Henschel & Schack)
- Einstufung des Beteiligungsgrads (Sturzenhecke; Meinhold-Henschel; Blandow, Gintzel & Hansbauer, Schöder)

- Einordnung des Beteiligungsumfelds (Save the Children et al.,)
- Formulierung und Operationalisierung von Qualitätskriterien (theoriegeleitete Zuordnung von Items/ Indikatoren) (Goldschmidt; Holten et al.; Stange, Save the Children et al.)
    - Berücksichtigung von individuellen und kontextbezogenen Faktoren (Holten; Kauffeld, Newig, Zinser)
    - Voraussetzung für Zufriedenheit, Berücksichtigung des Faktors Spaß (Kirkpatrick)
    - Selbstbestimmungstheorie (Deci & Ryan)
    - soziale Unterstützung der Erwachsenen (Massberg)
- Berücksichtigung von In- und Output für die zukünftige Messung der Transferleistung (Baldwin & Ford)

2.4.3 Evaluation auf Grundlage der Zielsetzungen und damit zusammenhängende Qualitätskriterien

Im Folgenden werden die Zielsetzungen der Beteiligungsprojekte erläutert, welche anhand der einzelnen Konzeptbeschreibungen formuliert wurden. Einige allgemeingültige Ziele von Jugendbeteiligungsprojekten wurden im Rahmen der vorliegenden Evaluation ergänzt, da die Dokumentenanalyse der Beschreibungen der Pilotprojekte lückenhaft waren oder nicht vollständig ausformuliert wurden. Die Reihenfolge der Auflistung der Zielsetzung, welche auch als Grundlage der Evaluation dient, ist zufällig und besitzt keine Relevanz.

Im Anschluss an die Auflistung der Zielsetzungen werden Items, welche in Qualitätskriterien zusammengefasst sind, vorgestellt. Sie gelten in der Theorie sowie Empirie als Grundlage der Zielerreichung.

Um die Zielsetzungen der Beteiligungsprojekte besser beschreiben zu können, wurde zunächst die Begründung der Teilhabe sowie weitere anzustrebende Ziele analysiert:

Leitziel: Kinder- und Jugendliche können für sie relevante Themen sowie gesellschaftliche Prozesse erleben und mitgestalten.

1. **Begründung der Teilhabe** (Deth 2014, In: Pohl & Massing 2014; Danner, 2001, In: Bundeszentrale für politische Bildung, 2002)**:**
   - **Intrinsische Begründung:** Voraussetzung ist eine symmetrische Interaktion zwischen Erwachsenen, Kinder und Jugendlichen. Entwicklungsmöglichkeiten, eigener Werte sowie mentales Wohlbefinden sind Begründungen für die Teilnahme an Beteiligungsprozessen. Im Fokus steht das Ziel junge Beteiligte zur Mitgestaltung ihres Gemeinwesens nachhaltig zu befähigen beziehungsweise zu motivieren.
   - **Instrumentelle Begründung:** Die Machtsymmetrie der Interaktion verläuft zugunsten der Erwachsenen. Meinungen und Interessen der Kinder und Jugendlichen fließen in den Entscheidungsprozesse mit ein. Im Fokus steht die Ausübung ihres Bürgerrechts.
   - **Legitimitätsorientierte Begründung:** Hier steht die Symmetrie der Interaktion und der damit verbundene Einfluss zugunsten der Kinder und Jugendlichen. Die Politik und Verwaltung beziehen die jungen Beteiligten als ExpertInnen zur Legitimation von Entscheidungen mit ein, da so die Qualität von Beschlüssen erhöht werden kann.
2. **Effizienz**: Ein weiteres Ziel ist ein möglichst effizientes Vorgehen. „Effizienz bezeichnet das Verhältnis zwischen erreichten Leistungen einer Maßnahme (Ergebnissen und Wirkungen) und den dafür eingesetzten Ressourcen oder Nachteilen" (DIN EN ISO 9000: 2005 Nr. 3.2.15; zusammenfassend Simon, 1976: 180; Renn, 2008: 286; vgl. auch Quinn et al., 1983: 370; Eidenmüller, 2005, In:

Goldschmidt 2014, S. 243). Im Kontext von Beteiligungsprozessen bedeutet dies zum Beispiel das Verhältnis von einer Ressource, wie Zeit, im Vergleich zu einer erreichten Wirkung, wie der Anzahl der beteiligten Jugendlichen oder das erfolgreiche Einbeziehen in Entscheidungsprozesse.

3. **Effektivität:** Effektivität beschreibt das Verhältnis zwischen der Zielerreichung und den tatsächlich erreichten Ergebnissen (Newig, 2007: 54; Papadopoulos et al. 2007: 459; Renn, 2008: 286; in Bezug auf Wirksamkeit DIN EN ISO 9000: 2005 Nr. 3.2.14, In: Goldschmidt 2014, S. 277) Wie bereits beschreiben (vgl. Kapitel 2.2.6.1), beeinflussen unterschiedliche Kontextvariablen die Effektivität eines Beteiligungsprozesses. Beispielsweise besteht ein Zusammenhang zwischen transparentem und altersgerechtem Informieren der betroffenen BürgerInnen und deren Problemverständnis (Newig, 2005). Je besser ein Prozess reflektiert wird, desto eher kann man solche Einflüsse steuern und die Effektivität erhöhen.

4. **Breite Beteiligung**: Ziel ist es eine möglichst hohe Anzahl an Teilnehmenden/ Gruppierungen zu erreichen und am Prozess zu partizipieren. Hierzu gehören beispielsweise faire Zugangsvoraussetzungen zu Beteiligungsprozessen.

5. **Positive Handlungserfahrung:** Durch eine positive Handlungserfahrung steigt die Handlungsbereitschaft und es kann sich eine Handlungsstruktur etablieren (Kirkpatrick 2006). Es wird ein Transfer von einzelnen Beteiligungsprojekten auf Beteiligungsstrukturen in der Kommune angestrebt. Demokratische Prozesse, in denen Beteiligungsbildung mit aktivem Handeln und Erfahrungen verknüpft wird, fördern die Handlungsbereitschaft. (Pohl und Massing 2014)

6. **Demokratie- und Beteiligungsbildung:** Wie bereits ausführlich beschrieben, ist ein gewisses Maß an Demokratie- und Beteiligungsbildung Voraussetzung für eine gelingende Partizipationspraxis. Die Kooperation von

Schule und Kommune betont diesen Aspekt. Die Studie von Delth (2014) stellt außerdem einen signifikanten Zusammenhang zwischen der Beteiligung von Menschen und deren staatsbürgerlicher Einstellung und Werteorientierung fest (in: Pohl & Massing 2014, S. 11 ff.).

7. **Ausprägung/ Grad der Beteiligung**: Wie ausführlich in Kapitel 2.2.5 Ausprägungen von Partizipation beschrieben, geht mit dem Übergang von Fremd- zu Selbstbestimmung, die Zunahme der Entscheidungsmacht und Verantwortung der Beteiligten einher. Das Ausmaß der Beteiligung beschreibt letztendlich auch die Legitimität des Prozesses und damit zusammenhängender Entscheidungen in der Politik (Goldschmidt, 2014).

8. **Umsetzung/ Rechenschaft:** In fast allen Konzepten der Pilotprojekte sowie in der dazugehörigen Literatur wird betont, dass Beteiligung nur dann nachhaltig verankert werden kann, wenn darauf auch eine Wirkung, wie die Diskussion, Umsetzung oder begründete Ablehnung der Ergebnisse folgt (Dietz & Stern, 2008). Aus diesem Grund ist eine Wirkung auf die im Partizipationsprozess ermittelten Handlungsoptionen und Ideen ein wichtiges Ziel der Beteiligungsprojekte.

9. **Thematischer Rahmen:** Ziel ist es, dass die Beteiligten bei allen kinder- und jugendrelevanten Themen und gesellschaftlichen Prozessen beteiligt werden.

10. **Altersgerecht**: Eine attraktive und kindergerechte Methode und altersgerechte Kommunikation und Information ist entscheidend für die erfolgreiche Beteiligung. Auch ein Methodenmix kann sinnvoll sein, um möglichst viele Zielgruppen anzusprechen.

11. **passgenaues Konzept/ Angebot**: Das Konzept der Kinder- und Jugendbeteiligung sollte auf den Lebensraum und das Handlungsfeld der Beteiligten, der Kommune sowie der Schule und den damit zusammenhängenden Rahmenbedingungen abgestimmt sein. Ziel ist, dass Kinder- und Jugendbeteiligung in der Kommune und

Schule, dem direkten Lebensumfeld der Kinder und Jugendlichen stattfinden, zu jeder Zeit transparent ist und nach außen kommuniziert wird (Dietz & Stern 2008).

12. **Implementierung und nachhaltige Verankerung:** Finales Ziel ist nicht zuletzt die nachhaltige Verankerung eines funktionierenden Konzepts mit entsprechenden Strukturen und Ressourcen. Mit einher geht das Entstehen einer Beteiligungskultur.

13. **Regelmäßige Evaluation und Optimierung:** Abschließend ist das regelmäßige Evaluieren und Optimieren von Prozessen und Strukturen in der Beteiligungsarbeit mit Kindern und Jugendlichen ein wichtiges Ziel, das zur Weiterentwicklung und Etablierung eines funktionierenden Konzepts unerlässlich ist.

Qualitätskriterien der Evaluation

In der folgenden Tabelle werden einzelnen Qualitätskriterien dargestellt, die Grundlagen der vorliegenden Evaluation sind. Außerdem wird in der Tabelle ersichtlich, mit welcher Datenerhebungsmethode die Merkmale erhoben wurden.

1. Quantitative Onlinebefragung: Kinder & Jugendliche (EM1)
2. Qualitative Fragen in Befragung: Kinder & Jugendliche (EM2)
3. Qualitatives Interview: ExpertInnen aus Schule & Kommune (EM3)

Bei Faktoren mit mehreren Items der quantitativen Datengewinnung wurde die interne Konsistenz durch den *Cronbachs Alpha* (α) Wert ausgerechnet und hinzugefügt. Alle Faktoren konnten berücksichtigt werden, da die α-Werte zwischen 0,65 und 0,95 lagen (Streiner, 2003).

Tabelle 2.4:1: Indikatoren der Evaluation[5], eigene Darstellung

Input[3]	Strukturqualität[4]	α	EM1	EM2	EM3
(Ressourcen,	1. Transparente Ziele	0.84	x		x
Strukturen,	2. Flexible, transparente Struktur	0.76	x		
Voraussetz-	3. Ressourcen (personell, finanziell, Ort, Zeit)		x		x
ungen)	4. Zugang/ Auswahlprozess/ Integrativ	0.87	x		x
	5. Entscheidungsbefugnisse/ Verantwortung/ Beteiligungsgrad		x		x
	6. Vor- und Nachbereitung		x		x
	7. Öffentlichkeitsarbeit/ Kommunikation				x
	8. zielgruppengerechte Information		x		
	9. Themenauswahl		x		x
Output I	10. Kommunikation und Moderation des Gesamtprozesses				x
(Aktivität,	**Prozessqualität**				
Veranstaltung)	11. Beteiligungsrahmen	0.89	x	x	
	12. Beteiligungsgrad/ -umfang	0.75	x	x	
	13. Freiwilligkeit		x		
	14. Spaß/ zielgruppengerechte Methode		x		x
	15. Motivation		x		
	16. Vertrauen	0.67	x		
	17. Haltung der Erwachsenen: Kommunikation auf Augenhöhe, Anerkennung	0.85	x		x
Output II	18. Konfliktkultur	0.83	x		
(Ergebnisse)	19. Relevanz		x		x
	20. Transparenz, Rechenschaftspflicht	0.80	x		x
	21. Empowerment/ Selbstwirksamkeit		x		
Outcome I	**Ergebnisqualität**				
(individuelle	22. Aufwand-Nutzen- Verhältnis	0.72	x		
Veränderung)	23. Zeitnahe Umsetzung/ Wirkung		x		x
	Zugewinnqualität				
Outcome II	24. Kompetenzentwicklung, Neues kennenlernen	0.79		x	x
(gesellschaft-	25. Selbstwirksamkeit/ Beteiligungsmotivation		x		
liche	26. Zukünftiges Engagement/ Beteiligungsmotivation		x		x
Veränderung)	**Zugewinnqualität**				
	27. Nachhaltige Verankerung/ Transfer	0.91			x
	28. Beteiligungskultur	0.83			x
	29. Netzwerk für Beteiligung				x

[3] Evaluationsprozess: Vgl. Stange, Meinhold-Henschel & Schack, 2008

[4] Qualitätsdimensionen: Vgl. Zinser 2014

[5] Die Zuordnung zu den entsprechenden Indikatoren ist im Anhang (Kapitel: 0) zu finden.

3 Fragestellung

Was sind Voraussetzungen gelingender Kinder- und Jugendbeteiligung?

Wie bewerten Kinder, Jugendliche und ExpertInnen die Qualität, den Umfang und die Relevanz der Kinder- und Jugendbeteiligungsprojekte?

Welche Qualitätskriterien und Rahmenbedingungen tragen zu einem gelingenden (unter Berücksichtigung der Zieleerreichung) Partizipationsprozess bei?

4 Methodik

Die Evaluierungsforschung dient vorrangig der Erfassung von Ergebnissen und Wirkungen politisch-administrativen Handelns (Wollmann, 1995). Die Evaluation überprüft das zu erreichende Ziel und die damit verbundenen Maßnahmen hinsichtlich einer politischen Entscheidung (Einführung von Kinder- und Jugendbeteiligung in Kooperation mit der Schule). Dabei soll die Eignung des Verfahrens analysiert werden sowie dessen Umsetzung und die damit verbundene Wirksamkeit (Wollmann, 1995; Newig, 2005). Im Folgenden wird das methodische Vorgehen unter Berücksichtigung aktueller Standards der Evaluationsforschung beschrieben.

4.1 Forschungsstrategie und Datenerhebungsmethode

In diesem Kapitel wird das Mixed-Methods-Design vorgestellt. Hierbei wird Bezug auf die größtenteils quantitative und vereinzelt qualitative Onlinebefragung sowie das qualitative Interview genommen. Auch in der Auswertung unterscheiden sich die

Methoden. Die Auswertung der quantitativen Fragen erfolgt ausschließlich deduktiv, die qualitativen Fragen sowie das Interview wird induktiv ausgewertet.

4.1.1 Onlinebefragung

Ein Fragebogen soll die Realität oder Ausschnitte derer möglichst genau erfassen und beschreiben (Bortz & Döring, 1995). Für die Evaluation der Jugendbeteiligungsprojekte wurde ein Fragebogen erstellt, der Umfang und Qualität der Kinder und Jugendbeteiligung sowie Anliegen, Verbesserungsvorschläge und Änderungswünsche erfassen soll. Außerdem soll die Evaluation ein Stimmungsbild der Kinder und Jugendlichen der unterschiedlichen Kommunen zeigen und so die Möglichkeit geben die Beteiligungsformate zu optimieren. Der Fragebogen wurde nach Richtlinien der Deutsche Gesellschaft für Online-Forschung und Evaluation erstellt, worauf im folgenden Abschnitt noch eingegangen wird. Da die Befragung viele evaluierende Elemente enthält, wurden die Richtlinien einer Evaluation immer wieder beachtet und dienten als Orientierung. Hierbei wurden verstärkt die Richtlinien nach der Deutschen Gesellschaft für Evaluation (DeGEval) berücksichtigt. Vier grundlegende Eigenschaften sind nach der DeGEval demnach „Nützlichkeit, Durchführbarkeit, Fairness und Genauigkeit" (DeGEval, 2011, S. 22). Die Nützlichkeit des Fragebogens kann unterschiedlich begründet werden. Zur Qualitätsentwicklung und -sicherung können durch regelmäßige Reflexionen mit allen Beteiligten die Partizipationsstrukturen verbessert werden.

Es gab die Möglichkeit mit der Evaluatorin persönlichen Kontakt aufzunehmen, um offene Fragen oder persönliche Anliegen zu klären. In einem standortangepassten Anschreiben wurde auf die Zielsetzung eingegangen, um den Evaluationszweck zu verdeutlichen. Glaubwürdigkeit, Akzeptanz und Vertrauen konnten nicht zuletzt durch die Streuung durch Erwachsene, wie LehrerInnen oder JugendreferentInnen, aus dem unmittelbaren Umfeld der Jugendlichen erreicht werden. Außerdem hatten SchülerInnen und

Schulen zu jedem Zeitpunkt die Möglichkeit, die Evaluatorin bei Fragen und Anliegen zu kontaktieren.

Der Anspruch auf „Vollständigkeit und Transparenz" impliziert auch, dass allen Beteiligten Zugang zu den Ergebnissen gewährt wird, was durch die freiwillige Angabe der Mailadresse gewährleistet wurde. Um die Anonymität zu wahren, wurde diese selbstverständlich nicht mit den erhobenen Daten verknüpft.

Gewisse Standards zur Durchführbarkeit sind durch die Form der Online-Befragung gegeben. Neben ökonomischen Gesichtspunkten, wie große Datenerhebungen in einem kurzen Zeitraum, ist auch eine hohe Akzeptanz durch die Verbreitung durch das Internet zu finden. Hier geht es um Faktoren wie eine hohe Anonymität und Freiwilligkeit der Teilnehmenden, aber auch um Unabhängigkeit der Befragten (Döring, 2003). Diese können selbst wählen, wann und wo sie den Fragebogen ausfüllen. Somit ist eine Fragebogenuntersuchung im Internet durch „Alokalität und Asynchronität" geprägt (Batinic, 1997, S. 239). Befragungen oder Interviews vor Ort wären außerdem viel kosten- und zeitintensiver gewesen (Kuckartz et al. 2009; Batinic, 1997). Durch den Onlinefragebogen verringerten sich die Kosten und der Aufwand im Allgemeinen. Auch in der Auswertung zeigen sich Vorteile der Automatisierbarkeit der Befragung durch eine hohe Datenqualität (Welker, Werner & Scholz, 2005). Gruppeneffekte oder Beeinflussung durch den/die EvaluatorIn können so vermieden werden. Somit wird die „Forschung von der forschungsfremden Tätigkeit" getrennt und die Objektivität kann erhöht werden (Fraas, Maier & Pentzold, 2013, S.1). Sich an wissenschaftliche Vorgehensweisen zu halten, ist auch bei einer Onlinebefragung wichtig. Hier steht vor allem die Stichprobenziehung im Fokus. Ziel ist es, möglichst viele Kinder- und Jugendliche der Pilotprojekte zu erreichen. Da jedoch die Streuung über die Schulen, Jugendreferate oder ProjektmitarbeiterInnen lief, kann nicht gewährleistet werden, dass alle Kinder- und Jugendlichen von der Befragung wussten. Trotzdem wurde darauf Wert gelegt, dass die Geschlechterverteilung der ProbandInnen möglichst ausgewogen war (50 Prozent männlich und weiblich). Ein weiteres

Kriterium war die verhältnismäßige Verteilung der TeilnehmerInnen an den unterschiedlichen Schulformen. Ziel war es ein Rücklauf von 10 bis 15 Prozent der Kinder und Jugendlichen, welche an den Projekten teilgenommen hatten, zu erreichen. Das sind bei 1559[6] Kindern und Jugendlichen 156 bis 234 ProbandInnen.

Zu beachten ist, dass der ganze Prozess dokumentiert wurde und keine Ergebnisse verzerrt oder unbeachtet blieben (Rat der deutschen Markt- und Sozialforschung und Deutsche Gesellschaft für Online-Forschung e.V., 2013).

Ein weiteres Merkmal für die *Durchführbarkeit* nach der Deutschen Gesellschaft für Evaluation ist auch die *Effizienz*. Das heißt, der Aufwand für die Befragung und dessen Auswertung sollten im Verhältnis zum Nutzen stehen (2011). Wie schon erwähnt, sind Vertrauen, Respekt und Freiwilligkeit Grundlage für eine evaluative Studie. Dabei sollten auch formale Richtlinien sowie individuelle Rechte der Probanden berücksichtigt werden. Im Fragebogen wurde im Voraus Anonymität und Schutz der Befragten gewährleistet. So wurde beispielsweise darauf hingewiesen, dass die „Daten in zusammengefasster Form" dargestellt werden, sodass „Rückschlüsse auf einzelne Personen ausgeschlossen" sind. Weiterhin gehört zu einem fairen Umgang, möglichst objektiv mit den Daten umzugehen. Das heißt, die Daten werden sachlich, wertfrei und unvoreingenommen untersucht. Ziel ist es Stärken auszubauen und Schwächen, Beschwerden oder Probleme zu beheben. Bewertungen und Kritik sind hierbei nicht auszuschließen, sondern möglichst unparteiisch und ohne persönlichen Einfluss zu formulieren. Wie schon erwähnt, sollten die Ergebnisse allen Beteiligten zur Verfügung stehen.

Der letzte Punkt ist die *Genauigkeit*. Hierbei geht es um deutliche und verständliche Formulierung während der Studie und in der Auswertung. Bei dem Vorgehen sind jegliche Quellenangaben zu dokumentieren. Die Gültigkeit und Unverfälschtheit der Daten ist

---

[6] TeilnehmerInnen pro Jahr, Umfragen und Bildungsworkshops ausgeschlossen

eine Grundvoraussetzung für die Forschung. Bei allen quantitativen oder qualitativen Fragen des Fragebogens wurden die Gütekriterien für Sozialforschung eingehalten. Entscheidend für eine erfolgreiche Untersuchung sind das Überprüfen von möglichen Fehlerquellen und ein bewusster Umgang, falls solche auftreten. Im Rahmen dieser Arbeit ist keine Meta-Studie möglich, da diese den Rahmen überschreiten würde. Jedoch ist der Fragebogen so dokumentiert und gesichert, dass er jederzeit wiederholbar und überprüfbar ist (Deutsche Gesellschaft für Evaluation, 2011).

4.1.2 Vorgehen der Onlinebefragung

Nachdem der Fragebogen beschrieben und die Entwicklung erklärt wurde, wird nun das Vorgehen bei der Befragung kurz erläutert. Zunächst haben zehn SchülerInnen zwischen elf und 17 Jahren sowie acht Erwachsene die Befragung in einem Pretest durchgeführt und beurteilt. Auf Grundlage dessen wurde die Befragung optimiert. Das Anschreiben des Onlinefragebogens wurde dann per Mail an die schulischen und kommunalen MultiplikatorInnen versandt. Bei Fragen oder Anmerkungen zum Fragebogen hatten die Befragten jederzeit die Möglichkeit per Mail oder Telefon die Evaluatorin zu kontaktieren. Beim Aufbau des Anschreibens stand im Fokus, dass die Relevanz der Befragung, die Wichtigkeit der Teilnahme jedes Einzelnen und der vertrauliche Umgang deutlich wurden (Schnell 1999; Thielsch & Weltzin 2009). Außerdem enthielt die Mail den Link zur Internetseite (https://www.soscisurvey.de/mitbestimmung), auf welcher der Fragebogen jeder Zeit abrufbar war. Nach Ende des Befragungszeitraums wurde der Datensatz für die Auswertung von der Internetseite *SoSci Survey* heruntergeladen. Die Auswertung der quantitativen Fragen des Fragebogens wurde mit dem Statistikprogramm *R* (Version 8.5) durchgeführt. Die vier offenen Fragen der Onlinebefragung wurden mit der Inhaltsanalyse nach Mayring (2007) ausgewertet (vgl. Kapitel 4.2.1).

4.1.3 Qualitatives Interview

Neben der Erhebung der überwiegend quantitativen Daten der Onlinebefragung, wurden mit Hilfe von zehn Experteninterviews qualitative Daten erhoben. Um den Ansprüchen der qualitativen Forschung nach Levitt et al. (2018) gerecht zu werden, wird im Folgenden der Forschungsprozess beleuchtet und somit transparent gemacht. Als Interviewtyp wurde aufgrund des Forschungsinteresses das strukturierte Interview ausgewählt (Helfferich, 2011). Der Einsatz eines Interviewleitfadens (Kapitel 9.3) ließ kaum Spielraum für Nachfragen, jedoch bot er Möglichkeiten unklare oder missverstandene Fragen zu umschreiben oder nachzuhaken (Helfferich, 2011; Mey & Mruck, 2010). Bis auf das Verzichten auf weitläufige Nachfragen ist der Ablauf an dem problemzentrierten Interview nach Witzel (2000) orientiert. Der Fokus liegt auf der Konzentration auf ein Problem oder Thema. Das Vorwissen dazu aus literarischer Recherche dient als Rahmen für die Fragen. Bei der Befragung ist neben der Gegenstandsorientierung (Gesprächstechnik und -atmosphäre), die Prozessorientierung (subjektive Problemsicht) zentral (Witzel 2000). Der standardisierte Leitfaden wurde im Vorfeld entwickelt. Als Grundlage dienten die Zielsetzungen der Pilotprojekte sowie Qualitätskriterien aus der Literatur (vgl. Kapitel 2.4.3). Der Leitfaden beinhaltet drei thematische Schwerpunkte mit je vier bis fünf Fragen: Strukturelle sowie kontextbezogene Rahmenbedingungen, Beteiligungsprozess und Qualitätssicherung. Die Reihenfolge der Befragung war bei allen InterviewpartnerInnen gleich. Zu Beginn wurde der Ablauf erläutert und eine Einverständniserklärung unterschrieben. Zum Abschluss konnten die befragten Personen auf Wunsch offene Fragen, Anliegen und Bemerkungen hinzufügen. Um für die befragten Personen den Aufwand zu minimieren, fanden alle Interviews an deren Arbeitsplatz in einem ruhigen Raum statt. Lediglich zwei Interviews wurden am Telefon durchgeführt, da es die Organisation nicht anders zuließ. Um eine einheitliche Umsetzung zu gewährleisten, wurden die Interviews alle von der Evaluatorin durchgeführt. Die Interviewdauer lag zwischen neun und 47 Minuten mit einer durchschnittlichen Dauer von 22 Minuten. Die Interviews wurden mit einem Aufnahmegerät aufgenommen und mit der Software MaxQDA (Version Analytics Pro 12) analysiert. Um nachvollziehbare Transkripte mit klaren Vorgaben und einheitlichen Schreibweisen zu erhalten, wurden das System von Dresing und Pehl angewandt (2017). Zur besseren Lesbarkeit wurden Dialekte sowie Satzabbrüche geglättet und relevante nonverbale Äußerungen in Klammern notiert.

4.2 Auswertungsmethode

Im Folgenden werden die Auswertungsmethoden der Evaluation vorgestellt. Zuerst wird auf die quantitative Analyse, anschließend auf die Inhaltsanalyse der Experteninterviews und zuletzt auf die Auswertung der qualitativen Fragen der Onlinebefragung eingegangen.

4.2.1 Quantitative Datenzusammensetzung und - analyse

Beim Aufbau des Fragebogens war relevant, dass die einzelnen Itemgruppen gleich skaliert sind. Beispielsweise sind alle Items der Qualitätskriterien intervallskaliert. Der Fragebogen setzt sich wie folgt zusammen:

- 21 Items zum Umfeld, beziehungsweise dem Kontext von Beteiligung
- 13 Items zum Beteiligungsausmaß/- grad
- 29 Items zu Qualitätskriterien, welche wiederrum 13 Faktoren zugeordnet sind
- 6 Items zum gewünschten, zukünftigen Beteiligungszuwachs

Bei der Auswertung mit *R* wurden zuerst die Daten nach Standort, Projektmerkmalen und besonderen Auffälligkeiten untersucht. Hierbei haben Modal- sowie Zentralwerte und Varianzen entscheidende Auskunft gegeben. Anschließend wurden die Korrelationskoeffizienten ausgerechnet, um die Zusammenhänge der einzelnen Variablen zu charakterisieren (Lederer, 2010; Russell 2006). Wie die Tabelle 2.4:1 *Faktoren der Evaluation* zeigt, wurden im Anschluss die bestehenden Faktoren, welche deduktiv erstellt wurden, anhand des Datenmaterials überprüft. Dazu diente der Cronbachs Alpha. Hierbei stellte sich heraus, dass die interne Konsistenz der Kategorien hoch bis sehr hoch in Beziehung stehen (interrelatedness). Der α-Wert lag bei allen Faktoren zwischen 0.72 und 0.91 (vgl. Kapitel: 5.1.2). Da die Items auf Grundlage von unterschiedlichen Konzepten konstruiert wurden, war das Ziel durch eine explorative Faktorenanalyse Faktoren aus dem Datenmaterial zu generieren.

Die Faktorenanalyse ist ein Verfahren der multivariaten Statistik zur Datenreduktion. Aus einem Datensatz mit vielen manifesten Variablen, wie die vorliegenden Items des Fragebogens, können latente Strukturen (Faktoren) gebildet werden. Die Analyse gibt Auskunft über die Zusammenhänge der Items hinsichtlich des Gesamtkonstrukts (Moosbrugger & Kelava, 2012). Es wurde eine Hauptachsen-[7] sowie eine Hauptkomponentenanalyse[8] berechnet (Leonhart, 2017). Da die Ergebnisse fast deckungsgleich waren, wurde nach Diskussion im Forschungsteam, aufgrund der erhöhten Fehlerresistenz, die Hauptachsenanalyse im weiteren Vorgehen berücksichtigt. Die Anzahl der zu extrahierenden Faktoren wurde durch eine Parallelanalyse analysiert und ist in der Abbildung des Screeplots ersichtlich (Abbildung 9.1:1).

Die Eignung der Daten für eine explorative Faktorenanalyse wurde anhand des Kaiser-Meyer-Olkin-Tests (KMO-Wert) sowie des Bartlett-Tests überprüft. Der KMO-Wert gibt Auskunft über die Eignung der

---

[7] Maximierung der aufgeklärten Varianz, unter Umständen gibt es Faktoren mit nur einer Variablen, da zu Beginn die Annahme beseht: $h^2=1$

[8] Bevorzugung von Faktoren, auf die viele Variablen laden, gemeinsame Varianz der Variablen, h^2 wird für jede Variable geschätzt

Daten für eine Faktorenanalyse. Ein signifikanter Bartlett-Test gibt Auskunft über die Varianzhomogenität und ist daher empfindlich auf die Normalverteilung der Variablen in der Grundgesamtheit (Dormann, 2013). Die Eignung der einzelnen Variablen hinsichtlich der Stichprobe wurde mit dem measure of sampling adequacy überprüft (MSA-Wert). Der MSA-Wert ist nach Eckey, Kosfeld und Rengers (2002) zwischen 0,6 und 0,8 mittelmäßig, zwischen 0,8 und 0,9 lobenswert und größer als 0,9 fabelhaft. Durch ein obliques Rotationsverfahren (Promax) konnten die Faktoren den Daten angepasst werden, sodass möglichst wenige Faktoren mit hoher Ladung (<3 $\underline{V}$ >-3) entstehen (ebd.). In einem weiteren Schritt wurde eine Faktorenanalyse zweiter Ordnung durchgeführt. Die zuvor extrahierten Faktorenwerte wurden nach dem Vorgehen von *Ten Berge* berechnet. Im Weiteren wurde eine Parallelanalyse hinzugezogen, um die Anzahl der Faktoren zu bestimmen. Es ergab sich eine Ladungsmatrix durch eine Hauptfaktorenanalyse. Diesmal wurde das orthogonale Rotationsverfahren *Varimax* angewandt.

Ziel der explorativen Faktorenanalyse ist es nicht die gesamte Varianz der Daten zu erklären, sondern vielmehr einen Einblick in das Zusammenwirken von Variablen und deren Einfluss auf das Gesamtkonstrukt zu erhalten. Außerdem ist eine vollständige Varianzaufklärung bei solch einem komplexen, nicht ausreichend erforschten Thema und den Bedingungen der Evaluation nicht möglich.

4.2.2 Datenanalyse der qualitativen Interviews

Bei großen Datenmengen, wie den vorliegenden zehn Transkripten ist es wichtig sich an Regeln und Abläufen zu orientieren. Trotzdem braucht die Analyse eine gewisse Flexibilität, um der Forschungsfrage gerecht zu werden und sich den Daten anzupassen. Ziel ist es zu jedem Zeitpunkt die Bedeutung der Daten klar zu identifizieren und in Themen darzustellen (Braun & Clarke, 2006). Zur Unterstützung des Analyseprozesses wurde die Software MaxQDA verwendet. Damit konnten relevante Stellen kodiert, Codes systematisiert sowie Teile des Codesystems visualisiert werden.

Die qualitativen strukturierten Interviews werden nach Braun und Clarke (2006) sowie einzelnen Aspekten von Mayring (2010) ausgewertet. Die qualitative Inhaltsanalyse beschreibt eine systematische Vorgehensweise bei der Auswertung.

Nach Mayring gibt es drei verschiedene Möglichkeiten quantitative Inhalte auszuwerten: „Die Zusammenfassung, die Explikation und die Strukturierung" (Mayring, 2010, S. 64). Die Auswertung erfolgt durch die Analysetechnik der Strukturierung, dadurch ist es möglich, „das Material aufgrund bestimmter Kriterien einzuschätzen" (Mayring, 2003, S.58). Mit dem Ziel möglichst genau die Meinung der befragten ProbandInnen wider zu spiegeln, wurde das Abstraktionsniveau hoch angesetzt, um damit so viele Sichtweisen wie möglich mit einzubeziehen.

Im Folgenden wird auf den Ablauf der Auswertung eingegangen, welcher sich an den einzelnen Schritten von Braun und Clarke sowie an der Form der *Strukturierung* orientiert:

1. **Bekanntmachen mit den Daten:** Zuerst wurde das Textmaterial mehrmals aktiv gelesen. Dabei wurden Bemerkungen durch „Memos" in MaxQDA notiert.
2. **Generieren von Codes:** Ziel dieser Phase war die Zuordnung von Hauptaussagen oder Schlagwörtern zu induktiv gebildeten Codes (Braun & Clarke, 2006). Mit Hilfe von MaxQDA konnten ein oder mehrere Codes möglichst vielen

Textpassagen zugeordnet werden. Bei dem Vorgehen wurde Zeile für Zeile durchgegangen, um mögliche Kategorien zu bilden (Braun & Clarke, 2006).

3. **Bilden eines Codesystems**: Hilfreich war die Einordnung in ein hierarchisch aufgebautes Codesystem nach Überbegriffen und Unterpunkten, wie folgende Abbildung zeigt.

▼ Codesystem	**570**
▶ Erwachsenen: Einstellung/Haltung zu Beteiligung	39
▶ Beteiligungskonzept (Planung, Struktur, Methode)	108
▶ Verbesserungsvorschläge, Verbesserungsbedarf	37
▶ Wertschätzung der Beteiligung der Kinder	30
▼ Ziele	0
▶ Ziele für Kommune	47
▼ Ziele für Schule	0
Interessen/Wünsche an Kommune geben	2
Wissens-/ Kompetenzentwicklung	1
Entscheidungsprozesse/ Diskurse	2
Interesse an Politik wecken	4
Frustrationstoleranz	1
Demokratiebildung	6
pädagogische Ziele	1

Abbildung 4.2:1 Codesystem MaxQDA eigene Darstellung

4. **Intercoderreliabilität**: Intercoderreliabilität meint die unabhängige Übereinstimmung der Kodierung mehrerer Personen (Mayring, 2015). Hierfür wurden zwei zufällig ausgewählte Interviews (ca. 20 Prozent des Materials) ausgewählt und von einer forschungsexternen Person anhand des vorhandenen Codesystems kodiert. Da die Codebildung am ursprünglichen Datenmaterial orientiert war und daher so einfach wie möglich gehalten wurde, konnte auf einen ausführlichen Kodierleitfaden verzichtet werden. Die Berechnung der Intercoderreliabilität ergab eine Übereinstimmung von 69 Prozent bzw. 65 Prozent.

5. **Negotiated Agreement**: Die Differenzen zwischen Erst- und

Zweitcodierer wurde im Forschungsteam diskutiert und nach Lösungen gesucht. Aufgrund der Tatsache, dass der Kodierleitfaden kaum Einschränkungen aufwies, waren die meisten Unterschiede auf die Länge der Textmarkierung und nicht auf unterschiedliche Codezuordnungen zurückzuführen. So mussten nur ca. 15 Prozent der Codierung diskutiert werden. Nach dem Negotiated Agreement Verfahren lag die Intercoderreliabilität bei über 90 Prozent und ist somit vergleichbar mit anderen Studien (Campbell et al., 2013; Garrison et al., 2006). Das Codesystem wurde beibehalten.

6. **Definition der Kategorien durch Strukturierung:** Im folgenden Schritt wurde nach Mayrings (2010) inhaltlicher Strukturierung vorgegangen, bei der das Grundmaterial nach Themen, Inhalten oder Aspekten eingeordnet wird. Durch zuvor festgelegte Kriterien (Tabelle 2.4:1 Faktoren der Evaluation) wurden die bestehenden Codierungen eingeschätzt und strukturiert. Dafür wurden genau definiert, welche Bestandteile unter welche Kategorie fallen.

7. **Bestimmung von Ankerbeispielen:** Die jeweiligen Kategorien wurden präzise definiert und anhand eines Ankerbeispiels erläutert (Kuckartz, 2012; Mayring, 2010).

8. **Zusammenfassung und Definition der Themen:** In der achten Phase wurden die kodierten Textstellen erneut gelesen, zusammengefasst und daraus Themen präzisiert. Die Zusammenfassung und Konkretisierung erfolgte theoriegeleitet und anhand der Zuordnung zu den Kriterien und den Zielen der Forschung (Braun & Clarke, 2006).

9. **Ergebnisdarstellung:** Zuletzt wurden die Themen analysiert und für die Ergebnisdarstellung vorbereitet. Jedes Thema wurde zusammengefasst und an ein oder mehreren Ankerbeispiele veranschaulicht.

4.2.3   Auswertung der qualitativen Fragen der Onlinebefragung

Die qualitativen Fragen der Onlinebefragung werden nach Mayring (2010) ausgewertet. Die Auswertung erfolgt durch die Analysetechnik der Zusammenfassung, dadurch soll ein „Abbild des Grundmaterials entstehen" (Mayring, 2010, S.65). Im ersten Schritt der Paraphrasierung wurden alle Textstellen, die zur Ausschmückung und Ausformulierung dienen, weggekürzt. Dabei wurde darauf geachtet, dass kein Inhalt und die ursprüngliche Bedeutung verloren gehen. Danach wurden die Textstellen in einheitlicher Kurzform, oft kurzen Stichpunkten, zusammengefasst. In Schritt zwei „Generalisierung auf das Abstraktionsniveau" wurde darauf geachtet, welche Textstellen unter dem Abstraktionsniveau liegen (Mayring, 2010, S.86). Aufgrund des hohen Abstraktionsniveaus konnten fast alle Antworten bearbeitet werden. In Schritt drei wurden alle Inhalte mit gleicher Bedeutung zusammengefasst. Im letzten Schritt wurden auch ähnliche Antworten zusammengefasst und möglicherweise wurde die Formulierung der Kategorie nochmals angepasst. Dieser Schritt wurde so lange wiederholt, bis keine neuen Kategorien mehr gebildet werden konnten (Mayring, 2010). Durch die Methode der Zusammenfassung entstand ein induktiv gebildetes Kategoriensystem. Es werden aus den verschiedenen Kategorien pro Frage die wichtigsten Hauptkategorien vorgestellt. Die Hauptkategorien werden aufgrund von qualitativen und quantitativen Kriterien ausgewählt. Das heißt, Antworten, die sich sehr häufig wiederholen oder besonders prägnant auf die Fragestellungen eingehen, werden zu Hauptkategorien. Schlussendlich konnte jede Kategorie kurz definiert und mit einem *Ankerbeispiel* verdeutlicht werden.

5 Ergebnisdarstellung und Diskussion

Im diesem Kapitel werden die Ergebnisse der Evaluation zusammengefasst dargestellt. Zuerst werden die Erkenntnisse aus der Onlinebefragung ausgeführt. Anschließend wird eine Zusammenfassung der Themen der Interviewauswertung geben. Die analysierten Themen werden mit theoretischen und empirischen Erkenntnissen verknüpft dargestellt.

5.1 Auswertung der Onlinebefragung

Da viele verschiedene, vielseitige Ergebnisse vorliegen, können im folgenden Kapitel nicht alle Ergebnisse der Befragung im Detail analysiert und beschrieben werden. Zunächst werden die Resultate der explorativen Faktorenanalyse beschrieben und analysiert, danach werden die Ergebnisse anhand z-standardisierter Werte im Bezug auf die Projekte vorgestellt. Im Anschluss dessen wird auf die qualitative Auswertung eingegangen.

Die Diskussion über die Ergebnisse fließt hierbei jeweils am Ende einer Rubrik mit ein. Dabei wird auch die Fachliteratur einbezogen. Angesichts der Fülle der Daten werden die Einzelitems nicht dargestellt. Die vollständige Auflistung der Ergebnisse sind dem Anhang (Kapitel 9) zu entnehmen.

5.1.1 Stichprobenbeschreibung und Rücklaufstatistik

Im Folgenden wird der Rücklauf in Bezug auf die Stichprobe beschrieben. Dabei wird aus Gründen der Übersichtlichkeit auf zwei Stellen nach dem Komma ab- oder aufgerundet. Insgesamt haben 16,22 Prozent der Kinder und Jugendlichen der Pilotprojekte an der Befragung teilgenommen. Da keine zufällige Ziehung der Stichprobe erfolgt ist, kann von den Ergebnissen nicht zwingend auf die

Gesamtheit aller Jugendlichen geschlossen werden.

Der Fragebogen wurde bis nach Ablauf des vierwöchigen Befragungszeitraums 253 Mal vollständig und 109 Mal unvollständig oder fehlerhaft ausgefüllt. Obwohl es eine Herausforderung darstellte die Umfrage zu streuen, hat die Teilnahme von 253 ProbandInnen die Erwartungen zur Rücklaufquote, welche bei zehn bis 15 Prozent lagen, übertroffen. Von den 253 ProbandInnen, welche vollständig teilgenommen haben, sind 138 weiblich und 115 männlich. Die Teilnehmerzahl der unterschiedlichen Projekte liegt durchschnittlich bei 42,17 Personen, jedoch beträgt die Standardabweichung 11,04, was sich durch die schwankende Zahl der ProbandInnen erklären lässt (

Abbildung 5.1:1).

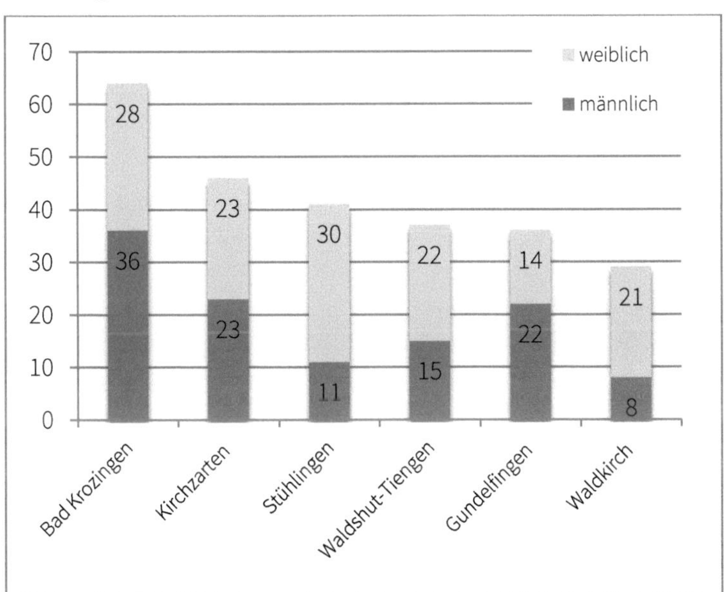

Abbildung 5.1:1: ProbandInnen nach Standorten, eigene Darstellung

Die folgende Grafik (Abbildung 5.1:2) zeigt die Altersverteilung der ProbandInnen. 61,66 Prozent sind zwischen 13 und 15 Jahre alt. Das spiegelt auch den Durchschnitt der Teilnehmenden der Pilotprojekte.

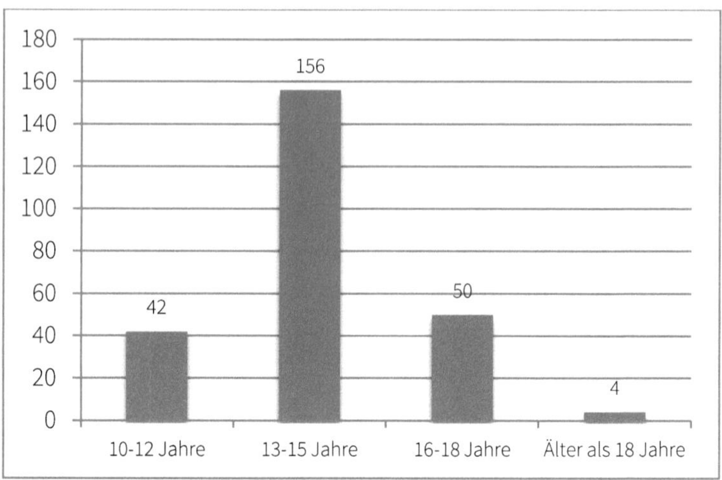

Abbildung 5.1:2: Altersverteilung der ProbandInnen, eigene Darstellung

44,66 Prozent der ProbandInnen besuchen die Realschule und 43,87 Prozent das Gymnasium. Demnach besuchen 11,46 Prozent andere Schulformen.[9]

---

[9] Dies lässt sich dadurch erklären, dass es in Stühlingen nur eine Realschule gibt. Es wurden zwar auch Jugendliche eingeladen, welche außerhalb zur Schule gehen oder eine Ausbildung machen, jedoch war das die Ausnahme. In Waldshut-Tiengen haben nur das Gymnasium und die Realschule an der Befragung teilgenommen. In Kirchzarten ist der Anteil an Teilnehmenden, die andere Schulformen besuchen zwar durchschnittlich zu den beteiligten Jugendlichen gegeben, allerdings fallen diese bei der Gesamtstatistik nicht groß ins Gewicht. Gundelfingen ist der einzige Ort mit einer Gemeinschaftsschule. Bad Krozingen und Waldkirch sind größtenteils durch ProbandInnen aus Gymnasium sowie Realschule vertreten.

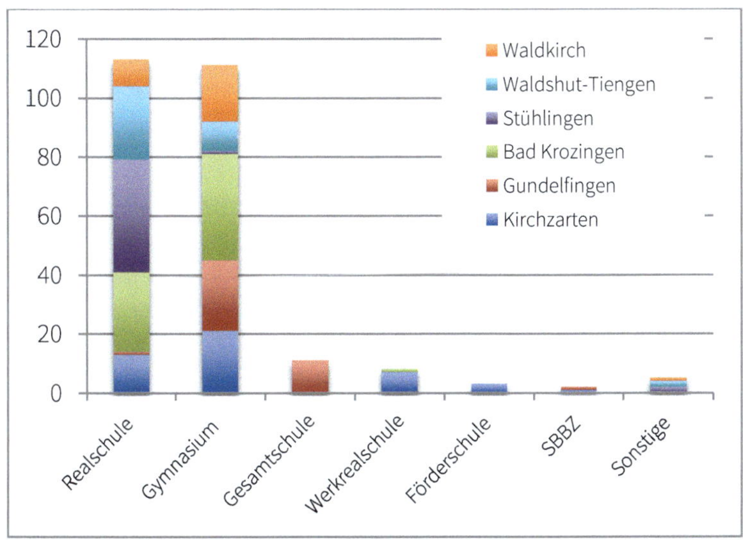

Abbildung 5.1:3: TeilnehmerInnen nach Schulformen [10], eigene Darstellung

5.1.2 Ergebnisdarstellung und Diskussion der Faktorenanalyse

Die Eignung der vorliegenden Daten für eine explorative Hauptachsenanalyse wurde anhand des Kaiser-Meyer-Olkin-Testverfahrens, eines Bartlett-Tests sowie des MSA Werts überprüft.

Zwei Variablen, *Mitbestimmungszuwachs in der Freizeit* (0.54) sowie *Mitbestimmungszuwachs in der Klasse* (0.59), haben einen MSA-Wert unter 0.6 und sind daher nicht besonders gut für eine explorative Faktorenanalyse geeignet. Sieben der 45 Variablen haben einen mittelmäßigen MSA-Wert zwischen 0.61 und 0.79. Die restlichen 36 Variablen haben einen guten bis sehr guten MSA Wert zwischen 0.8

---

[10] Abkürzung: SBBZ: Sonderpädagogische Bildungs- und Beratungszentrum

und 0.96. Der Bartlett-Test ist mit einem p-Wert von $2.2e^{-16}$ (df=44) hoch signifikant. Das Kaiser-Meyer-Olkin liegt mit einem Wert von 0.896 deutlich über dem Minimum von 0.5, welches von Autoren empfohlen wird (Cleff, 2015; Möhring & Schlütz, 2013).

Aus der Hauptachsenanalyse ergeben sich, mit einer erklärten Varianz von 58 Prozent (Tabelle 9.1:1), sieben Faktoren, welche im Folgenden dargestellt werden. Im Anschluss an die Vorstellungen werden die einzelnen Faktoren literarisch diskutiert und eingeordnet.

Die Reihenfolge der Aufzählung der Faktoren ist thematisch geordnet. Die Nummerierung und die inhaltliche Bedeutung der Faktoren sind arbiträr durch das Statistikprogramm entstanden.

5.1.2.1   Faktor sechs

Faktor sechs setzt sich aus elf Items zusammen, erzielt trotz seiner Größe die höchsten Ladungen und hat somit entscheidende Auswirkung auf die Partizipationsprozesse der Pilotprojekte. Die Gegenprüfung der Zusammenhänge mit Cronbachs Alpha ergab einen Wert von 0.93 und bestätigt so den Zusammenhang folgender Items:

1. Die Erwachsenen haben sich bemüht, dass niemand ausgeschlossen wurde. (0.97)[11]
2. Wenn etwas nicht funktioniert hat, haben wir das gemeinsam besprochen und Lösungen gesucht. (0.89)
3. Bei Konflikten oder Fragen habe ich gewusst, an wen ich mich wenden kann. (0.82)
4. Jeder aus meiner Gruppe konnte mit reden und es wurde ihm/ihr zugehört. (0.76)
5. Das was ich gesagt habe, wurde vertraulich behandelt. Also niemandem ohne mein Einverständnis gesagt. (0.74)

---

[11] Ladungen der Items in Bezug auf den Faktor

6. Bei Fragen und Anmerkungen wurde ich von den Erwachsenen ernst genommen. (0.69)
7. Der zeitliche Aufwand für das Projekt war gut machbar. (0.68)
8. Die Themen des Projektes waren mir wichtig. (0.51)
9. Ich habe alle Informationen erhalten, welche ich zur Planung und Umsetzung gebraucht habe. (0.5)
10. Ich wusste was die Ziele des Projektes sind. (0.44)
11. Ich konnte entscheiden welche Themen und Inhalte bei dem Projekt besprochen werden. (0.43)

Alle Items des Faktors beinhalten Elemente der Kommunikation des Partizipationsprozesses. Entscheidend scheint die Interaktion zwischen Erwachsenen und den beteiligten Kindern und Jugendlichen zu sein. Ein fairer Umgang, Konfliktmanagement und Gleichberechtigung sind maßgeblich dafür, wie zufrieden die ProbandInnen mit der Beteiligung sind. Dabei liegt der Schwerpunkt von Item eins und vier auf dem Thema *Fairness*. Schon Habermas (1981) betont in einer Theorie, dass machtfreie und offene Diskursbedingungen Voraussetzung für gelingende Entscheidungsprozesse sind (vgl. Kapitel 2.1). Gerechtigkeit ist außerdem auch ein Grundprinzip des demokratischen Rechtsstaates (Grundgesetz, 1 Die Grundrechte, Art. 3 ff.). Die damit verbundenen Werte sind in sozialen und kulturellen Strukturen verankert und somit entscheidender Bestandteil in Beteiligungsprozessen (Greenberg et al., 2005; Bies, 2005; Sartori, 1997; In: Goldschmidt, 2014). Auch in der Sozialpsychologie wird in vielen Studien der nicht zu unterschätzende Einfluss des Aspektes Fairness auf den Entscheidungsprozess bestätigt (Goldschmidt, 2014). Dieser Punkt hängt stark mit dem Thema Konfliktmanagement und -kultur zusammen. Der damit verknüpfte *fair-process-effect* beschreibt nicht nur die Relevanz von Gerechtigkeit in Entscheidungsprozessen, sondern auch damit zusammenhängende Akzeptanz von ungünstigeren Entscheidungen oder das Lösen von Konfliktsituationen (Porumbescu & Grimmelikhuijsen 2018; van den Bos, 2002). Ein Zusammenhang des fairen Prozesses zeigt sich laut van den Bos (2005) auch in anderen Variablen wie Zufriedenheit, Legitimität von Entscheidungen oder Verhalten (Goldschmidt, 2014). Die Bedeutung spiegelt sich in Item zwei und drei wieder. Neben Gleichberechtigung ist auch die Haltung und der Umgang von erwachsenen Projektbeteiligten wichtig für die Kinder und Jugendlichen (Item fünf und sechs). Auch hierbei scheint die prozessorientierte Perspektive, das Entscheidungsverfahren, für die Betroffenen mehr im Fokus zu stehen, als die ergebnisorientierte. Ernst genommen zu werden, sich auf Augenhöhe zu begegnen und Anerkennung zu erfahren ist hierbei zentral (Hanselmann, 2011). Was auch damit zusammenhängt, ob jungen BürgerInnen das Thema wichtig erscheint und sie sich damit identifizieren können (Reicher, 2009). Item acht und elf beschreiben, dass es für junge Beteiligte von Bedeutung ist, ob sie Einfluss auf besprochene Themen haben und ob diese für sie relevant sind. So ist auch der Einbezug in den Diskurs für die Legitimität von Entscheidungen in diesem Zusammenhang zu erwähnen (Goldschmidt, 2014). Nicht zuletzt hängt damit zusammen, ob die Betroffenen die Ziele des Prozesses kennen und für sie alle relevanten Informationen erhalten (Newig, 2005). Spannend ist, dass die investierte Zeit (Item sieben) nicht mit dem Ergebnis zusammenhängt, sondern prozessbezogen ist. Demnach besteht die wage Annahme, dass die Wertung der Prozess- gegenüber der Ergebnisqualität höher gewichtet wird.

Zusammenfassend kann festgehalten werden, dass faire Kommunikationsabläufe, in Übereinstimmung mit der Fachliteratur, Einfluss auf das Gelingen oder Scheitern von Partizipationsprozessen haben. Faktor sechs fasst die Elemente der Kommunikation zusammen. Der gleichberechtigte Umgang und Prozess hängt auch mit folgender Kategorie, den Zugangsvoraussetzungen zusammen.

5.1.2.2 Faktor fünf

Mit nur zwei Items ist Faktor fünf der kleinste. Der α-Wert beträgt 0.88 und bestätigt den Zusammenhang der Items bezüglich des Faktors.

1. Wenn man nicht gewählt wurde, hatte man trotzdem die Chance sich für das Projekt anzumelden. (0.86)
2. Die Wahl, wer bei dem Projekt mitmachen darf, ist fair abgelaufen. (0.71)

Es ist nicht überraschend, dass nach der hohen Gewichtung des Fairness-Aspekts auch die Zugangsvoraussetzungen entscheidend für den Partizipationsprozess sind. Das Ergebnis findet sich auch in anderen Studien wieder, welche die Rekrutierung und Zusammensetzung des Teilnehmerfeldes analysieren (Goldschmidt, 2014; Schäfer et al., 2013). Unvorhersehbar war jedoch die Gewichtung der Items. Für die ProbandInnen ist noch wesentlicher als eine faire Wahl, dass Jugendliche, die nicht gewählt wurden, eine Chance erhalten sich zu beteiligen. Diese Form der gewünschten Einflussnahme spiegelt sich auch stark im nächsten Faktor wieder: *Motivation durch Selbstbestimmung.* Faktor fünf beschreibt die Zugangsvoraussetzungen für den Partizipationsprozess.

5.1.2.3 Faktor sieben

Der folgende Faktor (sieben) ist mit 12 Items der größte Faktor. Der α-Wert gleich 0.92 ist im Verhältnis zu den Ladungen und den MSA-Werten eher hoch, was jedoch dadurch zu erklären ist, dass Cronbachs Alpha sensibel für die Anzahl der Items ist. Für das Verständnis der Faktorenstruktur werden die Items nach der Selbstbestimmungstheorie von Deci und Ryan (2017, S.10-11) in 3 Untergruppen aufgeteilt.

1. *autonomy* (Förderung durch: Freiräume eingesehen, Wahlmöglichkeiten; Entscheidungsspielräume; Interessen berücksichtigen; Stimmigkeit zwischen inneren Werten, dem angestrebten Ziel und der Umwelt):

- Die Dinge, welche wir geplant haben, wurden umgesetzt

oder werden bald umgesetzt. (0.75)

- Ich finde es wichtig, dass es so ein Projekt in meiner Schule/Gemeinde/Stadt gibt. (0.51)
- Ich würde beim nächsten Mal wieder mitmachen. (0.49)
- Das Projekt hat mir Spaß gemacht. (0.39)

2. *competence* (Förderung durch: Kompetenzerleben und -unterstützung; Feedback; stimmiges Niveau)

- Wir haben nach dem Projekt gemeinsam über Erfolge und Probleme gesprochen. (0.64)
- Beim Zusammenarbeiten war mir immer klar um was es geht und was wir als nächstes machen. (0.51)
- In der Schule wurden wir auf das Projekt vorbereitet. (0.35)
- Beteiligungsgrad bei der Durchführung: Von „Erwachsene haben entschieden" bis „wir haben entschieden" (0.34)

3. *social relatedness* (Förderung durch: Integrationsprozesse: Aktivität zur sozialen Einbindung; Interaktion mit Erwachsenen; Einbindung in Gruppen)

- Wenn von Erwachsenen bei dem Projekt etwas versprochen wurde, wurde das auch eingehalten. (0.74)
- Ich finde es wichtig, dass es so ein Projekt in meiner Schule/Gemeinde/Stadt gibt. (0.51)
- Ich würde beim nächsten Mal wieder mitmachen. (0.49)
- Ich bin stolz darauf Teil eines Projektes zu sein. (0.47)
- Ich habe durch das Projekt neue SchülerInnen kennengelernt. (0.36)
- Der Ort, an dem das Projekt stattgefunden hat, hat mir gut gefallen. (0.41)

Der Faktor zeigt, dass Kompetenz, soziale Eingebundenheit sowie Selbstbestimmung gleichermaßen relevant sind. Auffallend ist, dass es für Kinder und Jugendliche neben der Identifizierung mit dem Projekt besonders wichtig erscheint, dass auf ihr Handeln eine Wirkung erfolgt. Der Aspekt der Verantwortungsübernahme sowie auch in Verbindung mit der Umsetzung von erarbeiteten Aspekten in Beteiligungsprojekten taucht häufig in der Literatur auf (vgl. BMFSFJ

2015; Netzwerk Bürgerbeteiligung 2013; Stange & Tiemann (o.J.); Knauer & Sturzenhecker, 2016). Dass Spaß für die intrinsische Motivation in Beteiligungsprozessen eine Rolle spielt ist nicht verwunderlich, aber möglicherweise auch als Output von motivierter Zusammenarbeit zu sehen (Kirkpatrick & Kirkpatrick, 2010; Zinser, 2014). In Verbindung zum erstgenanntem Faktor scheibt Goldschmidt (2014), dass das Verfahren fairer wahrgenommen wird, wenn Argumente und Ideen von den Beteiligten in den Entscheidungs- und Aushandlungsprozess einfließen, was als *Voice-Effekt* bezeichnet wird (S. 169). Das wiederum ist entscheidend für die Ausprägung der Identität und Autonomie (Goldschmidt, 2014). Faktor sieben *Motivation durch Selbstbestimmung* zeichnet nicht nur die aktuelle Motivation der ProbandInnen im Bezug auf die genannten Punkte ab, sondern gibt Annahmen über die zukünftige Beteiligungsbereitschaft, auf welche im nächsten Faktor eingegangen wird.

5.1.2.4 Faktor drei

Faktor drei umfasst zehn Items. Cronbachs Alpha ist mit 0.82 eher hoch. Folgende Items haben alle Berührungspunkte mit dem Thema der aktuellen sowie der zukünftigen Motivation:

1. Ich war motiviert mitzumachen. (0.64)
2. Zukünftige Beteiligungsmotivation in der Gemeinde/ Stadt (0.6)
3. Zukünftige Bereitschaft für Beteiligungszuwachs in der Schule (0.57)
4. Ich habe mich freiwillig am Projekt beteiligt. (0.52)
5. Das Projekt hat mir Spaß gemacht. (0.44)
6. Ich bin stolz darauf Teil eines Projektes zu sein. (0.42)
7. Mitbestimmungsgrad in der Gemeinde/Stadt (0.36)
8. Ich würde beim nächsten Mal wieder mitmachen. (0.36)
9. Wissenszuwachs: Beteiligung/Mitbestimmung (0.36)
10. Beteiligungsprojekt ist bekannt (0.33)

Nicht verwunderlich ist, dass das Item *Motivation* am stärksten auf den Faktor lädt. Wie in Faktor sieben ist auch hier Autonomieerleben (Item vier), Spaß (Item fünf) und die Relevanz des Projekts (Item sechs) wiederzufinden. In der Studie zeigt sich eine Korrelation zwischen dem Erleben der Beteiligung (Items eins und vier bis sechs), der Beteiligungsstärke (Item sieben) und der zukünftigen Bereitschaft (Item zwei und drei) sich wieder zu beteiligen. Ausschlaggebend scheint für die Motivation sich zukünftig zu beteiligen nicht die Ergebnisqualität, sondern die Prozessqualität zu sein. Jedoch für den Prozess selbst ist die Motivation sich einzubringen höher, wenn die Aussicht besteht, dass auf die Beteiligung eine Wirkung folgt. Trotzdem bestätigt sich hier die Annahme (Faktor sieben), dass prozessgestaltende Aspekte, wie eine faire Interaktion zwischen Erwachsenen, Kinder und Jugendlichen, vorranging bewertet werden.

In Faktor drei lässt sich kein Zusammenhang zwischen Mitbestimmung in schulisch-kommunalen Beteiligungsprojekten und Beteiligung im Alltag feststellen. Obwohl die Items zur Stärke der Mitbestimmung und der zukünftigen Beteiligungsmotivation zusammen abgefragt wurden, zeigt die Studie keinen Zusammenhang der Alltagsitems und denen die Schule und Kommune betreffen (vgl. Abbildung 5.1:4). Auffallend ist auch in den folgenden Faktoren, dass Beteiligung in der Kommune und in der Schule klar von der Mitbestimmung im Alltag (Klasse, Familie, Freizeit, Leben) getrennt wird. In der aktuell vorhandenen Literatur konnte diese Annahme jedoch weder widerlegt noch bestätigt werden. Folgende Annahme könnte in einer weiteren formativen Evaluation untersucht werden.

Wie stark kannst du bei Entscheidungen, in:

(Bitte je eine Angabe pro Zeile)

	in sehr hohem Maß	in hohem Maß	ein bisschen	in geringen Maß	in sehr geringem Maß	gar nicht
deinem Leben mitbestimmen	○	○	○	○	○	○
deiner Familie mitbestimmen	○	○	○	○	○	○
deiner Freizeit mitbestimmen	○	○	○	○	○	○
der Schule mitbestimmen	○	○	○	○	○	○
der Gemeinde/Stadt mitbestimmen	○	○	○	○	○	○

Abbildung 5.1:4 Intensität der Mitentscheidung, Item der Befragung

Zusammenfassend kann gesagt werden, dass Faktor drei Items umfasst, welche die Relevanz der Beteiligungsprojekte sowie die zukünftige Motivation, sich mehr beteiligen zu wollen, erfassen.

5.1.2.5 Faktor eins

Faktor eins besteht aus sieben Items und hat einen α-Werte von 0.8.

1. Beteiligungsgrad bei der Planung (0.57) & Durchführung (0.54)

   Wie wir unsere Projekte planen, das haben...

   ○ Erwachsene entschieden
   ○ Erwachsene entscheiden, nachdem sie uns nach unserer Meinung gefragt haben
   ○ wir alle gemeinsam entschieden
   ○ wir Kinder und Jugendliche entschieden

   Abbildung 5.1:5 Beteiligungsgrad bei der Planung, Item der Befragung

2. Ich wusste was meine Aufgabe war. (0.42)
3. Aktuelle Beteiligung in der Schule (0.40) & der Gemeinde/Stadt (0.31)
4. Wir haben die Ziele gemeinsam festgelegt. (0.39)
5. Meine Meinung und meine Ideen waren wichtig. (0.37)

Faktor eins beinhaltet nicht nur die Items über die Beteiligungsstärke und den Beteiligungsgrad (vgl. Kapitel 2.2.5). Für den Umfang der Beteiligung sind für die ProbandInnen ein klares Rollenverständnis, eine transparente Zielrichtung und das Einbringen der eigenen Meinung als Voraussetzung relevant. Item eins und vier haben einen korrelativen Zusammenhang. Je höher der Beteiligungsgrad (von Fremd- zu Selbstbestimmung) bei Planung und Durchführung, desto stärker fühlen sie sich bei der Entscheidungsfindung in Kommune und Schule einbezogen. Bukow (2000) bestätigt den Zusammenhang, dass nur von umfassender Beteiligung gesprochen werden kann, wenn die Themen und Zielsetzungen des Prozesses relevant und transparent sind. Im Bezug zu einem klaren Rollenverständnis steht die mitverantwortliche Selbstbestimmung. Nur wenn der Umfang der Mitbestimmung klar ist und die jungen Beteiligten wissen, wie sie Einfluss nehmen können, haben sie eine reelle Chance am Entscheidungsprozess teilzuhaben (Sturzenhecker, 2009; Arnstein, 1969).

Zusammenfassend lässt sich sagen, dass für den Umfang der Entscheidungs- und Verantwortungsübernahme der Kinder und Jugendliche, neben der Machtabgabe der Erwachsenen, ein transparenter Prozess mit klaren Zielen sowie die Einordung ihrer Rolle und damit verbundenen Aufgaben wichtig sind. Abschließend kann festgestellt werden, dass Faktor eins die Ausprägung der Beteiligung beschreibt.

5.1.2.6   Faktor vier und zwei

Die Faktoren vier und zwei werden gemeinsam aufgeführt, da beide die Mitbestimmung der ProbandInnen im Alltag betreffen. Unter Alltag fällt hierbei die Beteiligung in der Klasse, in der Familie, in der Freizeit und im Leben. Der α-Werte von Faktor vier (drei Items) ist 0.72 und der von Faktor zwei (vier Items) 0.84.

1. Aktuelle Mitbestimmung im Leben (0.72)
2. Aktuelle Mitbestimmung in der Familie (0.67)
3. Aktuelle Mitbestimmung in der Freizeit (0.61)

1. Zukünftige Beteiligungsmotivation in der Familie (0.85)
2. Zukünftige Beteiligungsmotivation in der Freizeit (0.74)
3. Zukünftige Beteiligungsmotivation in der Klasse (0.7)
4. Zukünftige Beteiligungsmotivation im Leben (allgemein) (0.68)

In vielen Studien besteht ein Zusammenhang zwischen Beteiligungserfahrungen in der Familie und der Beteiligung in Schule oder im politischen Kontext (Büchner, 2002; Behnken & Zinnecker, 2001; Alt, Teubner & Winkelhofer, 2005). In der vorliegenden Evaluation korrelieren die Beteiligungsitems des Alltags, jedoch ist kein Zusammenhang mit den weiteren Items festzustellen. Der größte und vermutlich entscheidende Aspekt ist, dass in allen Pilotprojekten die Kooperation von Schule und Kommune im Fokus stand. Hierbei wurde Wert darauf gelegt politische Bildung und die praktische Erfahrung zu verknüpfen. Wenn das gelungen ist, dann besteht die Annahme, dass alle Jugendlichen der jeweiligen Projekte durch den Aufbau der Beteiligung ähnliche Voraussetzungen (beispielsweise einen ähnlichen Wissens- und Informationsstand) hatten an den kommunalen Beteiligungsprojekten teilzunehmen. Die Faktoren vier und zwei geben, wenn auch in minimalem Ausmaß, Auskunft über die aktuelle und die zukünftige Beteiligung im Alltag.
Im Folgenden wird summarisch auf den Zusammenhang der einzelnen Faktoren eingegangen.

5.1.3 Zusammenfassung und Korrelationen der Faktoren erster Ordnung

Zusammenfassend werden alle sieben Faktoren, welche sich aus der Hauptachsenanalyse ergeben, dargestellt:

- Faktor sechs: Kommunikation
- Faktor fünf: Zugangsvoraussetzungen
- Faktor sieben: Motivation durch Selbstbestimmung
- Faktor drei: Relevanz und zukünftige Beteiligungsbereitschaft

- Faktor eins: Ausprägung der Beteiligung
- Faktor vier: Aktuelle Beteiligung im Alltag
- Faktor zwei: Zukünftige Beteiligung im Alltag

Folgende Abbildung gibt einen Überblick, wie die Faktoren korrelieren:

Tabelle 5.1:1: Korrelationen der Faktoren, eigene Darstellung

	PA6	PA7	PA3	PA2	PA1	PA5	PA4
6:Kommunikation	1	0,62	0,6	0,01	0,49	0,24	,06
7:Motivation durch Selbstbestimmung		1	0,6	0,07	-0,43	0,27	0,04
3:Zukünftige Beteiligungsmotivation			1	0,04	0,46	0,28	0,1
2:zukünftige Beteiligung: Alltag				1	-0,05	0,02	0,19
1:Ausprägung der Beteiligung					1	0,21	0,07
5:Zugangsvoraus-setzungen						1	0,09
4:Beteiligung: Alltag							1

Nicht überraschend ist, dass der Faktor *Kommunikation* am höchsten mit dem Faktor *Motivation* korreliert (r=0.62; vgl. Tabelle 5.1:1). Der Partizipationsprozess ist im wesentlich von genannten Voraussetzungen, Haltungen und Interaktionen abhängig. So ist davon (Faktor sechs und sieben) auch die zukünftige Beteiligungsmotivation abhängig. Verläuft der Prozess gut, sind die Teilnehmenden motiviert sich zukünftig wieder zu beteiligen. Der *Beteiligungsgrad* korreliert, nicht ganz so stark, jedoch ebenso mit den bereits genannten Faktoren. Die Verantwortungs- und Entscheidungsmacht der Kinder und Jugendlichen ist anhängig von der Gestaltung der Kommunikationsprozesse, insbesondere mit Erwachsenen und EntscheidungsträgerInnen. Der Faktor *Zugangsvoraussetzungen* ist hingegen ein eigenständiges Merkmal und geschieht unabhängig vom eigentlichen Prozess. Jedoch ist nicht zu unterschätzen, dass die Aspekte der Fairness und

Transparenz schon hier verankert sind und dann in den Faktoren drei, sechs und sieben wieder eine entscheidende Rolle spielen.

Wie schon erwähnt haben die Faktoren, welche mit der Beteiligung im Alltag zusammenhängen keinen direkten Bezug mit der Beteiligung in Schule und Kommune. Die Faktoren vier und zwei sind die einzigen, welche mit keinem anderen Faktor korrelieren. Nur zwischen Faktor zwei und vier besteht ein minimaler Zusammenhang von r=0.2., also zwischen der aktuellen Beteiligung und dem Wunsch nach zukünftig mehr Mitbestimmung im Alltag. Um mehr über diese Korrelation aussagen zu können, bedürfte es einer Folgestudie, welche sich intensiver mit der Beteiligung im Alltag befasst. Der Fokus wird im Folgenden nicht darauf gelegt, da die Evaluation der Pilotprojekte primär die kommunale Beteiligung in Kooperation mit den Schulen analysiert.

5.1.4   Faktorenanalyse zweiter Ordnung

Die Hauptkomponentenanalyse zweiter Ordnung ergab mit einer erklärten Varianz von 0.4 folgende zwei Faktoren (Abbildung 9.1:1 Parallelanalyse: Scree Plots, erste Faktorenanalyse, eigene Darstellung).

<u>Faktor(2) eins:</u>

- Faktor eins: Ausprägung der Beteiligung (0.8[12])
- Faktor drei: Relevanz und zukünftige Beteiligungsbereitschaft (0.62)
- Faktor sieben: Motivation durch Selbstbestimmung(0.57)
- Faktor sechs: Kommunikation (0.53)

<u>Faktor(2) zwei:</u>

- Faktor fünf: Zugangsvoraussetzungen (0.9)

---

[12] Loadings des Faktors auf die Faktorenanalyse zweiter Ordnung

<u>Faktoren, welche nicht auf das Modell laden:</u>

- Faktor vier: Aktuelle Beteiligung im Alltag
- Faktor zwei: Zukünftige Beteiligung im Alltag

Das Ergebnis der Faktorenanalyse zweiter Ordnung bestätigt die vermutete Faktorenstruktur aus der Analyse der Faktoren erster Ordnung und den Korrelationen. Zwei Faktoren bilden einen übergeordneten Faktor. Dabei impliziert Faktor eins alle prozessbezogenen Items. Faktor zwei beinhaltet die Items der Zugangsvoraussetzungen. Die Faktoren vier und zwei, welche Items zu der Beteiligung im Alltag beinhalten, treten nicht auf. Das bestätigt die Vermutung, dass das vorliegende Modell der Evaluation nicht geeignet ist, um die Beteiligung im Alltag zu beschreiben und die erfassten Variablen nicht in einem Zusammenhang zu den Kinder- und Jugendbeteiligungsprojekten stehen.

Die Abbildung im Anhang veranschaulicht die Faktorenstruktur (Abbildung 9.2:3 Struktur der Faktorenanalysen (Loading), eigene Darstellung).

Im Folgenden werden die Faktoren im Bezug auf die unterschiedlichen Strukturen und Konzepte der Pilotprojekte diskutiert.

5.1.5 Interpretation der Faktoren nach Standorten

Die Interpretation der Faktoren in Bezug auf die unterschiedlichen Standorte erfolgt durch die Analyse der Mittelwerte der Faktoren (durch z-standardisierte Werte; Abbildung 5.1:6). Es fließt die standortbezogene Auswertung der qualitativen Fragen zu Vorteilen und Verbesserungsvorschlägen der ProbandInnen mit ein. Diese wurden nach Mayring zusammengefasst und mit Ankerbeispielen versehen. Die Faktoren der Alltags-Beteiligung werden aus bereits diskutierten Gründen nicht mit einbezogen.

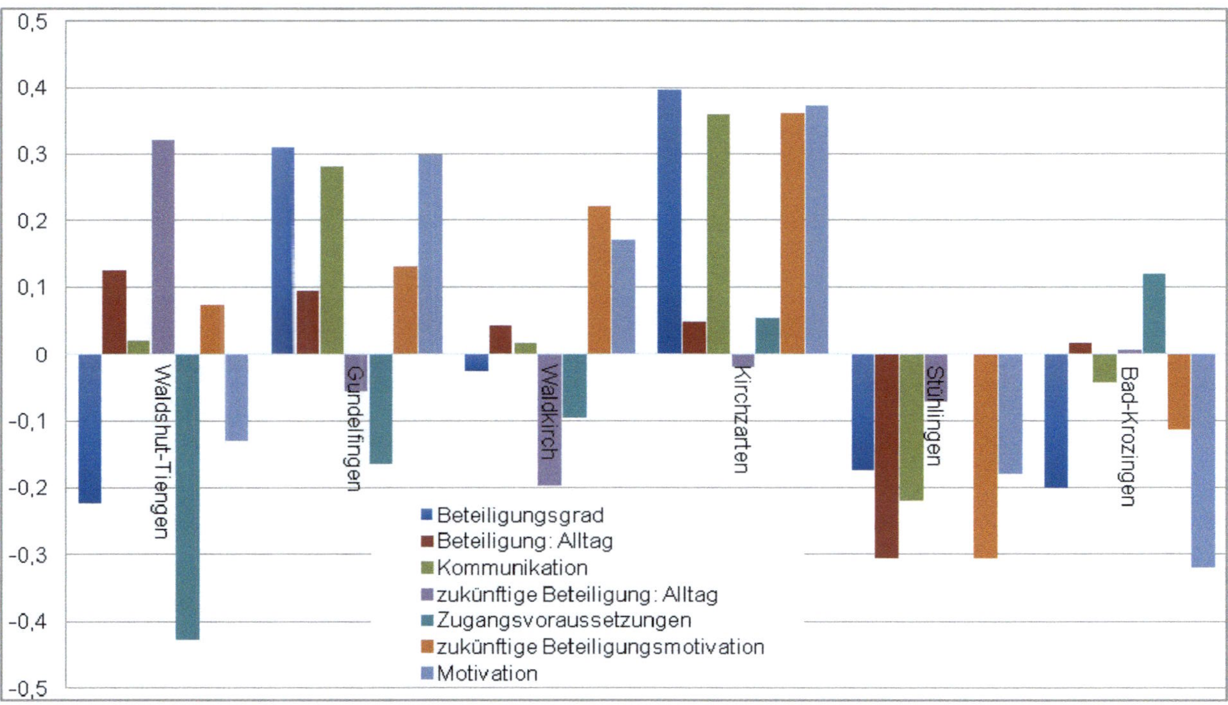

Abbildung 5.1:6: Mittelwerte der Faktoren nach Standort mit z-standardisierten Werten[1], eigene Darstellung

5.1.5.1 Beteiligungsgrad und Kommunikation

Die Ausprägung der Partizipation wird durchschnittlich von ProbandInnen aus Gundelfingen und Kirchzarten am höchsten empfunden. Die ProbandInnen fühlen sich in den Entscheidungsprozess bei Planung und Umsetzung einbezogen.

Auffallend ist, dass in diesen zwei Kommunen auch der Faktor *Kommunikation* am besten bewertet wird. Die Verbindung dieser Faktoren ist in der Literatur offensichtlich. Die Entscheidungsmacht und Verantwortungsübernahme der jungen Beteiligten, hängt stark mit der Macht- und Verantwortungsabgabe der Erwachsenen zusammen (Meinhold-Henschel, 2007; Sturzenhecker, 2009). Die Items zur Haltung der Erwachsenen laden besonders hoch auf den Faktor *Kommunikation*. Genauso laden Items die dieses Verhältnis von Machtübernahme und -abgabe spiegeln am höchsten auf den Faktor *Beteiligungsgrad*.

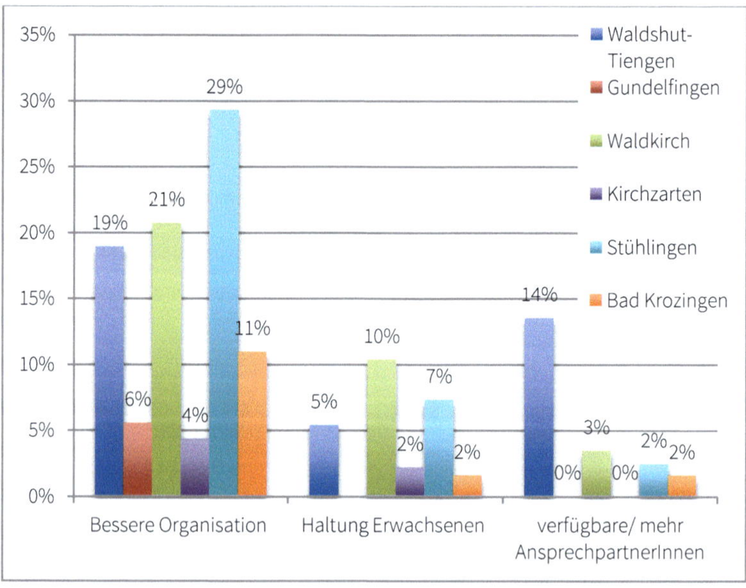

Abbildung 5.1:7: Verbesserungsvorschläge der ProbandInnen im Verhältnis zur Teilnehmerzahl, eigene Darstellung

Punkte der Kommunikation spiegeln sich auch in den Verbesserungsvorschlägen der ProbandInnen wider. Hierbei wünschen sich SchülerInnen aus Waldshut-Tiengen, Waldkirch und Stühlingen eine bessere Organisation. Die meist genannten Gründe beziehen sich in den drei Orten auf den Wunsch nach kleineren Gruppen und attraktiveren Prozessen. Die Kommunikation ist in einer kleineren Gruppe leichter zu organisieren, da so alle eine Chance haben gehört zu werden und ihre Meinung zu äußern. Gerade in großen, heterogenen Gruppen bedarf es einer strukturierten und erfahrenen Moderation (Seifert, 2003; Newig, 2005). Wenn man diesbezüglich die Konzepte analysiert, lässt sich feststellen, dass in Waldshut-Tiengen, Denzlingen und Stühlingen mit zwischen zehn und 20 SchülerInnen die Gruppen eher groß waren. In Waldkirch lag die durchschnittliche Gruppengröße bei 12 TeilnehmerInnen. Eine Besonderheit ist, dass die SchülerInnen in Waldkirch und Gundelfingen die Arbeitsphasen selbstständig, ohne erwachsene Moderation durchgeführt haben. In Gundelfingen wurden jedoch einige SchülerInnen individuell von einer Lehrkraft begleitet. In Bad Krozingen waren die Gruppengrößen unterschiedlich und die Beteiligten konnten selbst entscheiden wann und ob sie das Angebot annehmen. In Kirchzarten betrug die Gruppengröße der Workshops an der Juparti acht bis maximal 12 SchülerInnen. Daher lässt sich die These aufstellen, dass die Durchführung den SchülerInnen leichter fällt bei kleineren Gruppen, unabhängig davon ob eine erwachsene Moderation die Gruppenarbeit unterstützt.

Des Weiteren verbinden die ProbandInnen aus Bad Krozingen mit einer besseren Organisation mehr Zeit für Beteiligung und ein attraktiveres Vorgehen. Ein attraktives Vorgehen wurde in Kommunen nicht bemängelt, bei welche sich der Prozess durch einen vielfältigen, altersgerechten Methodenmix auszeichnet. Methodenmix meint die Beteiligung durch die Kombination unterschiedlicher dialogischer, spielerischer oder kreativer Methoden, beispielsweise anhand von Film, Kunst, Theater oder Diskurs. Ziel ist es möglichst viele Sichtweisen und Perspektiven unterschiedlicher Zielgruppen zu berücksichtigen (Macintosh & Whyte, 2006; Initiative Allianz für Beteiligung e. V., 2016; Allianz Vielfältige Demokratie, 2017).

Die TeilnehmerInnen aus Kirchzarten und Waldshut-Tiengen äußern vereinzelte Verbesserungsvorschlägen zu unterschiedlichen, organisatorischen Themen, wie mehr Zeit und Material. Hierbei wird bemängelt, dass nicht genügend Material vorhanden und die Zeit zu knapp bemessen sei. In Waldshut-Tiengen waren es insgesamt vier Beteiligungstage. Die anderen Modelle bestehen aus einem zentralen Beteiligungstag mit der Anschlussmöglichkeit in selbstorganisierten oder moderierten Projektgruppen weiterhin mitzuarbeiten.

Ankerbeispiele zu dem Veränderungswunsch *bessere Organisation*:

- „Eine kleinere Gruppe" (P28, Waldshut-Tiengen)
- „Es waren zu viele Kinder auf einmal, ich war von Anfang an dabei, habe Projekte bei den ersten Treffen aufgestellt und jetzt bin ich nicht mehr dabei, also habe später nichts mehr von dem gehört." (P82, Waldkirch)
- „bisschen zu kurz" (P 219, Bad Krozingen)
- „Nicht ganz so langweilig an unserem Tisch war kein Politiker" (P 175, Stühlingen)

Eng zusammenhängend mit dem Faktor *Kommunikation* und *Beteiligungsgrad* ist die Haltung der Erwachsenen. ProbandInnen aus Waldshut-Tiengen, Waldkirch und Stühlingen wünschen sich diesbezüglich mehr Handlungsspielräume, ernst genommen und gehört zu werden. In der Literatur findet sich dieser Punkt unter Schlagwörtern wie fairer Kommunikation auf Augenhöhe oder Zulassen von Entscheidungs- und Handlungsspielraum wieder (Newiger-Addy, 2016; Landsdown, 2011; Kirkpatrick & Kirkpatrick, 2006).

Ankerbeispiele zu dem Veränderungswunsch Haltung *der Erwachsenen:*

- „Das die Schüler mehr selbst Arbeiten können. Immer ein

offenes Ohr. Mehr Informationen über die Fortschritte des Projekts." (P37, Waldshut-Tiengen)

- „Damit wir Kinder Vorschläge machen dürfen oder Fragen dürfen" (P 172, Stühlingen)
- „man muss ernst genommen werden von denen aus der Gemeinde" (P15, Waldshut-Tiengen)
- „das Erwachsene weniger machen und das die Sachen umgesetzt werden. es wir eh nix umgesetzt" (P94, Waldkirch)
- „von manchen Erwachsenen würde ich mir wünschen, dass sie uns den Respekt den wir ihnen zeigen auch zurückbekommen" (P79, Waldkirch)

In vier Kommunen wurde der Verbesserungsvorschlag nach (mehr) verfügbaren Ansprechpersonen geäußert. Nur in Kirchzarten und Gundelfingen wird der Aspekt nicht benannt. Das könnte daran liegen, dass Erwachsene und Leitungspersonen ausreichend zur Verfügung stehen. Die Personalsituation in Kirchzarten, mit 40 Prozent Festanstellung für Partizipation und mehr als 20 weiteren Beteiligten bei der Juparti, unterstreicht diese Aussage. Dass Beteiligung insbesondere personelle Ressourcen bedarf, ist kein Geheimnis und findet sich in den meisten niedergeschriebenen Qualitätsmerkmalen wieder (u. a. Knauer & Sturzenhecker, 2005; BMFSFJ, 2015; Netzwerk Bürgerbeteiligung, 2013).

Ankerbeispiele zu dem Veränderungswunsch *verfügbare/ mehr AnsprechpartnerInnen*.

- mehr Personal vor Ort (P16, Waldshut-Tiengen,)
- Mehr Mittel, Lehrer manchmal überfordert (P213, Bad Krozingen)
- an unserem Tisch war kein Politiker (P175, Stühlingen)
- mehr Erklärung von Erwachsenen (P59, Gundelfingen)

Zusammenfassend kann gesagt werden, dass sich die ProbandInnen Beteiligungsworkshops in kleineren Gruppen wünschen, größere Freiräume und Gestaltungsmöglichkeiten, bei mehr AnsprechpartnerInnen im Beteiligungsprozess.

5.1.5.2 Zugangsvoraussetzungen

Der Faktor fünf der z-standardisierten Werte erfasst die durchschnittlichen Zugangsvoraussetzungen in den Beteiligungsprojekten. Stühlingen ist von der Interpretation des Faktors ausgeschlossen, da es bisher nur eine einführende Veranstaltung gab, an dem die gesamte Realschule teilgenommen hat. Wie sich die Zugangsvoraussetzungen gestalten entscheidet sich hier erst im weiteren Verlauf. Für Faktor fünf ist nur bei Bad Krozingen und Kirchzarten ein positiver Wert (besser als der Durchschnitt) zu verzeichnen. Die Dokumentenanalyse zeigt diesen konzeptionellen Unterschied. Bad Krozingen ist der einzige Standort, bei dem alle Kinder und Jugendlichen die Chance erhalten, sich niederschwellig zu beteiligen. Entweder durch Eigeninitiative oder indem sie mit ihrer Klasse am Jugendhearing teilnehmen. In Kirchzarten fanden, wie an den meisten anderen Standorten VertreterInnen-Wahlen statt, jedoch hatten weitere interessierten und engagierten Kinder und Jugendliche die Möglichkeit sich auf einer Liste für Restplätze zu bewerben. Per Losverfahren wurde dann über die weiteren Teilnahmeplätze entschieden. Die ProbandInnen aus Waldshut-Tiengen bewerten die Zugangsvoraussetzungen durchschnittlich schlechter. Die Gründe verrät ein Blick die konzeptionellen Strukturen. Die Auswahl der 30 AchtklässlerInnen von den jeweiligen Schulen wurde durch erwachsene VertreterInnen bestimmt. Weitere SchülerInnen hatten keine Möglichkeit sich an dem Prozess zu beteiligen. Die Literatur zeigt viele Methoden und Umsetzungsmöglichkeiten für Kinder- und Jugendbeteiligung auf, einige davon schlagen eine möglichst breite Beteiligung vor. Newiger-Addy (2016, S. 13-14) beschreibt die Zugangsvoraussetzungen zu Beteiligung wie folgt: „Transparenter und nichtdiskriminierender Auswahlprozess, aufbauend etwa auf lokalen Basisaktivitäten von Kindern und Jugendlichen (Einbeziehung der „Graswurzel-Perspektive") [..., um eine] möglichst repräsentative Auswahl der Teilnehmenden, etwa mit Blick auf Geschlecht, Alter, Bildungsgrad, regionale Herkunft, Einwanderungsgeschichte und Leben mit/ohne Behinderung" zu erreichen. Die Veränderungswünsche der Kinder und Jugendlichen spiegeln den Auswahlprozess wider: Zwei SchülerInnen aus Waldshut-Tiengen und jeweils ein/e SchülerIn aus Kirchzarten, Gundelfingen und Waldkirch fordern, dass alle Interessierten an der Beteiligung teilnehmen dürfen.

Ankerbeispiele zu dem Veränderungswunsch *Zugangsvoraussetzungen*:

- „Wirklich jeder der will mitmachen darf und man nicht wählen muss" (P122, Kirchzarten)
- „für alle Jugendlichen" (P11, Waldshut-Tiengen)

5.1.5.3   Aktuelle und zukünftige Beteiligungsbereitschaft

Faktor sieben, die aktuelle Motivation, und Faktor drei, die Relevanz und die zukünftige Beteiligungsbereitschaft, unterscheiden sich an den Standorten nicht wesentlich. Beispielsweise bei einem durchschnittlich hohen Faktor der aktuellen Motivation, ist auch die zukünftige Beteiligungsmotivation eher hoch. Das zeigt ebenso die höchste interfaktorielle Korrelation mit r=0.62. Kirkpatricks (2006) erklärt diesen Zusammenhang: Durch eine positive Handlungserfahrung steigt die zukünftige Handlungsbereitschaft. Pohl und Massing (2014) betonen, dass die Verknüpfung von Demokratiebildung und aktiven Erfahrungen die Handlungsbereitschaft fördert. Allerdings ist dieser Aspekt in der Studie nicht valide messbar, da dafür ein Prä-Post-Design notwendig wäre. Genauso ist es schwierig zu beurteilen, ob Jugendlichen einen Bildungs- oder Kompetenzzuwachs durch das Projekt hatten. Es wurde durch Selbsteinschätzung folgendes angegeben: 59,89 Prozent der Kinder und Jugendlichen sagen, dass sie durch das Projekt jetzt besser wissen was Beteiligung/ Mitbestimmung bedeutet. Nur 52,57 Prozent sagen, dass sie jetzt besser wissen was Demokratie bedeutet. Folgende Darstellung spiegelt die Sichtweise der Kinder und Jugendlichen wieder:

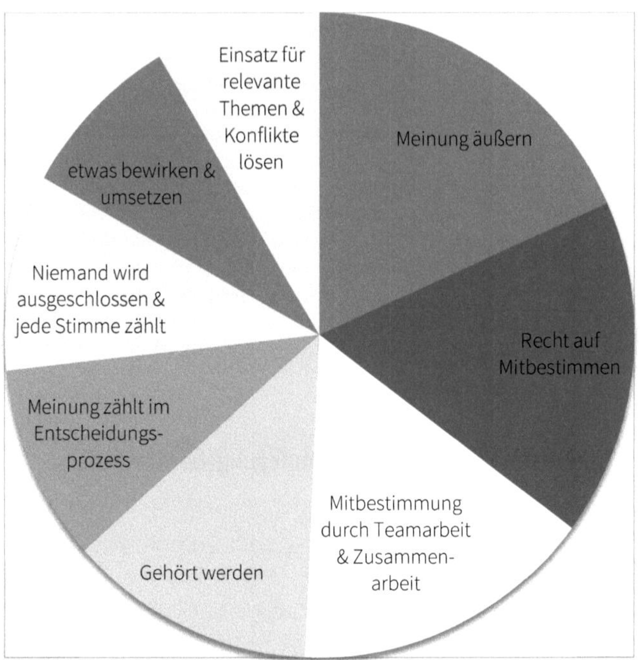

Abbildung 5.1:8 Bedeutungszuwachs: Mitbestimmung/ Beteiligung, eigene Darstellung

Ein relevanter standortspezifischer Unterschied ist nicht festzustellen. Auf den zu beobachteten Kompetenzzuwachs wird im folgenden Kapitel (vgl. Kapitel 5.2.2.6) eingegangen.

Die Wirkung der Beteiligung als essentielles Kriterium für das Erleben von Autonomie wurde bereits diskutiert. In der Auswertung der qualitativen Fragen zu Verbesserungsvorschlägen der SchülerInnen war diese Wirkung das meistgenannte Thema, unabhängig vom Standort.

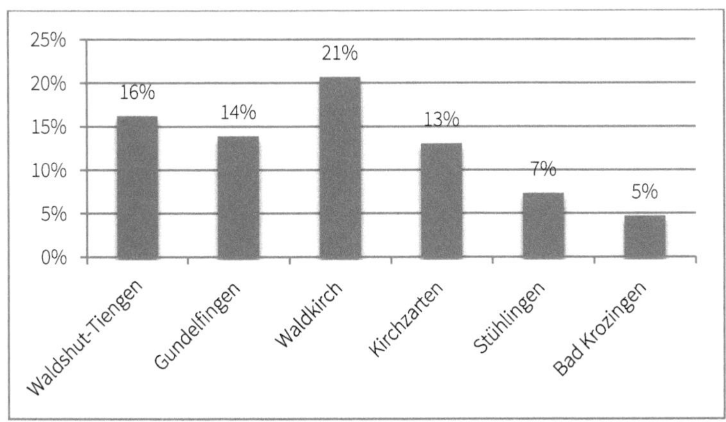

Abbildung 5.1:9: Verbesserungsvorschlag: regelmäßige Rechenschaft und Wirkung, eigene Darstellung

Die ProbandInnen wünschen sich regelmäßige Austauschtreffen oder andere Kommunikationswege über den Stand der Beteiligungsprojekte. Außerdem haben sie die Erwartung, dass Projekte ganz oder teilweise umgesetzt werden.

Ankerbeispiele zu dem Veränderungswunsch *Rechenschaft und Wirkung*:

- „Die Regelmäßigkeit der Treffen müsste verbessert werden" (P37, Gundelfingen)
- „Immer ein offenes Ohr. Mehr Informationen über die Fortschritte des Projekts." (P37, Waldshut-Tiengen)
- „Man sollte auch nach dem Tag weitere Schritte mitbekommen und informiert werden" (P122, Kirchzarten)
- „Vielleicht ein Wiedertreffen um die Veränderungen in der Stadt zu besprechen. Infos darüber, ob unsere Anregungen etc. gebracht haben also ob sie umgesetzt werden" (P100, Waldkirch)
- „Einhalten der Versprechen" (P 235, Bad Krozingen)

Die weiteren Einflüsse der Motivation lassen sich standortbezogen kaum differenzieren. Um weitere Aussagen treffen zu können, bräuchte es eine größere, repräsentativere Anzahl an ProbandInnen sowie eine Vergleichsgruppe.

Ein unwesentlich erscheinendes Item *Bekanntheit des Beteiligungsprojekts* korreliert mit der zukünftigen Beteiligungsmotivation. Dabei fällt auf, dass Projekte mit einem prägnanten Eigennamen bekannter sind und Jugendliche möglicherweise mit Beteiligung eher diesen Namen verknüpfen als mit Veranstaltungen, die nur nach ihrer Funktion benannt sind, wie zum Beispiel Jugendforum oder Jugendhearing. In der Markenpolitik steht neben Wiedererkennung, Wahrnehmung und Bindung auch Zielgruppenmarketing hinter einem Programmnamen (Berend, 2013).

5.2   Auswertung der Experteninterviews

In diesem Kapitel werden die Stichprobenbeschreibung und die Ergebnisse der Experteninterviews vorgestellt, beschränkt auf die relevantesten Ergebnisse, welche die quantitative Forschung ergänzen. Aufgrund der Anonymität werden alle Ergebnisse zusammen dargestellt und nicht oder nur gruppiert standortspezifisch ausgewertet.

5.2.1   Stichprobenbeschreibung

Zehn ExpertInnen haben an den Interviews zu den Beteiligungsprojekten teilgenommen. Davon sind neun Personen männlich und eine Person ist weiblich. Das Ungleichgewicht der Geschlechter konnte nicht beeinflusst werden, da die Personen aufgrund ihres Amtes ausgewählt wurden.

Die Ämter der InterviewpartnerInnen setzt sich wie folgt zusammen: Zwei BürgermeisterInnen, zwei JugendsozialarbeiterInnen, ein/e Amtsleitung für Jugend und Soziales, 4 Lehrkräfte (aus Gemeinschaftskunde, Politik und/oder SMV-Vertretung) und ein/e

SchulleiterIn. Alle ExpertInnen sind in Schule oder Kommune mit verantwortlich für die Planung und/ oder Durchführung der Kinder- und Jugendbeteiligung. Aus acht Orten wurden jeweils zwei Personen interviewt und aus zwei Kommunen nur ein/e ProbandIn. Ausschlaggebend dafür waren organisatorische Gründe.

5.2.2   Ergebnisse und Diskussion

Die Ergebnisse werden nach den analysierten Themen dargestellt und anhand der elf Kategorien des Codesystems (elf Kategorien, 70 Subcodes, 466 Kodierungen) sowie herangezogenen Ankerbeispielen diskutiert.

Differenziert, beispielsweise nach Ressourcen der Kommune oder Schule, werden die Ergebnisse nur dann, wenn sich die Antworten der Interviewten grundsätzlich unterscheiden.

5.2.2.1   Haltung zu Beteiligung

Eine Voraussetzung für das Durchführen von Beteiligungsprojekten ist die positive Haltung zu Beteiligung. In allen, bis auf einem, Experteninterviews wurde Kinder- und Jugendbeteiligung als relevant beschrieben und sich positiv dazu geäußert.

> *Beteiligung ist die Grundlage für ein funktionierendes Miteinander. Also in der demokratischen Gesellschaft muss ich Menschen beteiligen, um konstruktiv miteinander irgendwas bewirken, gestalten, überhaupt miteinander leben zu können.*

> (Interview mit BürgermeisterIn, 25.10.2018)

Zentrale Gesichtspunkte waren dabei der persönliche und institutionelle Einsatz zur Förderung von politischer Beteiligung. Erwähnt wurde in diesem Kontext auch, dass es mehr als eine gesetzliche Pflicht sei und daher ein Konzept für Gemeinde und Schule erforderlich ist.

An einem Standort wurde von allen befragten Personen das Beteiligungsprojekt kritisch gesehen, da es eine Alibi-Beteiligung sei und für eine nachhaltige und sinnhafte Durchführung die notwendigen Ressourcen nicht ausreichen würden. Diese Aussage spiegelt sich auch in der Onlinebefragung wider. Auf den damit zusammenhängenden Ressourcenbezug wird im folgenden Abschnitt eingegangen (Kapitel 5.2.2.3). Die aktuelle Studie von Schneider und Gerold (2018) deckt einen spannenden Zusammenhang auf: Es besteht eine hohe Korrelation zwischen der positiven Haltung von LehrerInnen zu Demokratiebildung und der empfundenen Selbstwirksamkeit sowie deren Kompetenzprofil. Ein weiterer jedoch geringerer Zusammenhang besteht, laut den Autoren, im Verhältnis der Befragten zum Kollegium sowie zu der Schulleitung (ebd., S. 36). Soziale Eingebundenheit, Autonomie und Kompetenz: Die drei Faktoren der Selbstbestimmungstheorie nach Deci und Ryan (2017) sind hier, wie in der Befragung der SchülerInnen zu finden (vgl. Kapitel 5.1.2.3)

Zusammenfassend kann gesagt werden, dass eine positive Einstellung der verantwortlichen Erwachsenen zum Thema „Kinder- und Jugendbeteiligung" unter anderem Voraussetzung für einen gelingenden Prozess ist. Mitunter prägten die Aussagen Aspekte der Nachhaltigkeit: Die Notwenigkeit der Veränderung durch die Beteiligung von jungen BürgerInnen, die Einstellung dass die Zukunft dadurch gestaltbar ist und intragenerative sowie intergenerative Gerechtigkeit, sind Nachhaltigkeitskriterien (Kleinhückelkotten 2005). Ein weiterer, darauf aufbauender Gesichtspunkt ist, dass die Leitungen der Beteiligungsprozesse einen interpersonellen Einfluss auf lokaler Eben haben. Sie prägen ihre Umgebung durch ihre Einstellungen und Verhaltensweisen. So kann der Einfluss von Schulen und Kommunen auf die Beteiligten als forcierende Kraft gesehen werden. Diese Personen und Institutionen werden als *MeinungsführerInnen* oder im wirtschaftlichen Kontext als *Market Maven* bezeichnet und haben Einfluss auf die Wertevorstellungen einer Gruppe (Lazarsfeld et al., 1969; Dressler & Telle 2009).

Mit der positiven Einstellung der ProbandInnen aus Schule und Kommune gegenüber Beteiligung, korreliert auch eine anerkennende Haltung gegenüber den Beteiligten. Anerkennung erfolgt größtenteils über Wertschätzung und Lob, aber auch über Essen und Feiern. Die Anwesenheit von Erwachsenen bei Beteiligungsveranstaltungen sowie die Wirkung (beispielsweise durch die Umsetzung von Projekten) auf Partizipation werden von den Befragten als Anerkennung angesehen. Manche Schulen würdigen das Engagement durch Beteiligung mit einem Vermerk im Zeugnis und/ oder Auszeichnungen.

In Bezug auf die vorhandenen Beteiligungsstrukturen haben alle beteiligten Schulen eine SMV sowie einen Schülerrat. Einige führen regelmäßig Schülervollversammlungen durch. In den Kommunen werden neben formellen Verfahren die gängigen informellen Bürgerbeteiligungsformate (Bürgerinformation, Bürgersprechstunde, Bürgerwerkstatt etc.) angewandt. In nur zwei Kommunen liegt eine konzeptionelle Verankerung vor.

5.2.2.2 Qualitätskriterien im Kinder- und Jugendbeteiligungsprozess

Die Fragen nach dem Konzept und dessen Umsetzung ergab eine Vielzahl an Qualitätsmerkmalen. Das am häufigsten benannte Merkmal ist hierbei das Ziel einer möglichst breiten Beteiligung der Kinder und Jugendlichen.

> *Das gute an dem Konzept ist, dass es versucht so viele Jugendliche wie möglich zu erreichen. Das wird versucht zu erreichen durch die Schulen. Es sind x[13] weiterführende Schulen, die sind alle mit im Boot. Zusätzlich noch das Jugendzentrum, für die die hier nicht zur Schule gehen oder*

---

[13] Um Rückschlüsse zu vermeiden, wurde Zahlen, Ortsbeschreibungen, Namen und weitere Hinweise entfernt und mit einem *x* ersetzt.

woanders zu Schule gehen oder schon aus dem Schulalter raus sind.

(Interview mit Lehrkraft, 16.10.2018)

Was ich eben ganz besonders gut an dem Konzept insgesamt finde, ist dass die Gemeinde x bereit war alle Jugendlichen zu beteiligen, die sich oft in x aufhalten. [...] Viele begrenzen sich ja darauf zu sagen, „wir müssen die Jugendlichen aus unserer Gemeinde mit einbeziehen, also tun wirs halt.- Man ist jetzt halt gezwungen". [...] „Wir machen nicht nur das was wir machen müssen, sondern wir machen das was sinnvoll ist und kucken, wer ist denn ständig in x und die dürfen mitmachen."

(Interview mit Lehrkraft, 17.10.2018)

Die Aussagen zusammenfassend, meint *breite Beteiligung* den fairen Einbezug aller Kinder und Jugendlichen, welche vor Ort wohnen, zur Schule gehen oder sich dort regelmäßig aufhalten. Außerdem beinhaltet das nicht nur das Schaffen von Zugangsvoraussetzungen, sondern auch eine integrative Durchführungen unter Berücksichtigung aller Beteiligten. Damit sind altersgerechte, integrative und attraktive Methoden und Themen verbunden (vgl. auch BMFSFJ 2015; Landsdown 2011). Ergänzend wurden in diesem Kontext auch Methoden der ePartizipation genannt.

Das heißt man braucht immer Motivation, um dort hin zu gehen. Zum Beispiel weil da auch was mit Minecraft gestaltet wird, es gewisse Inhalte gibt, die gerade jugendrelevant sind.

(Interview mit Abteilungsleitung Jugend und Soziales, 25.10.2018)

Weitere häufig benannte Kriterien für gelingende Beteiligung sind geregelte Kommunikationsstrukturen, Vernetzung und gegenseitige Unterstützung aller beteiligten Institutionen. Hierbei stand vor allem der Austausch zwischen Schule und Kommune im Fokus, was unter anderem zu den Zielsetzungen der Pilotprojekte gehörte. Auffallend ist, dass ProbandInnen das Qualitätsmerkmal der Kommunikation und Vernetzung nur benannten, wenn in diesem Punkt kein Verbesserungsbedarf gesehen wurde.

Entscheidend ist, dass die Entscheidungsträger der Stadt, Stadtrat, Gemeinderat, Bürgermeister und vor allem auch die Schulen, die ganzen Akteure da mit im Boot sitzen. Dass die dahinter stehen. Dass das auch mitgedacht wird.

(Interview mit JugendsozialarbeiterIn, 18.10.2018)

ProbandInnen aus zwei Kommunen äußerten das Qualitätsmerkmal der Rechenschaft. Es sei entscheidend, dass Kinder und Jugendliche nicht nur angehört werden, sondern Dinge auch umgesetzt werden (Interview mit Lehrkraft, 17.10.2018).

Außerdem beschreiben die ExpertInnen als relevanter Bestandteil der Konzepte neben einem individuellen, passgenauen Konzept, Flexibilität in der Planung und Durchführung, eine positive Einstellung aller involvierten Personen zur Beteiligung. Kinder- und Jugendbeteiligung braucht klare, wiederkehrende Strukturen und trotzdem Flexibilität. In diesem Zusammenhang erläuterte ein/e Experte/Expertin das Konzept des agilen Projektmanagements, welches ein aktuelles, häufig zitiertes Thema ist (Layton, 2018). Folgendes Diagramm gibt einen Überblick über die benannten Qualitätskriterien.

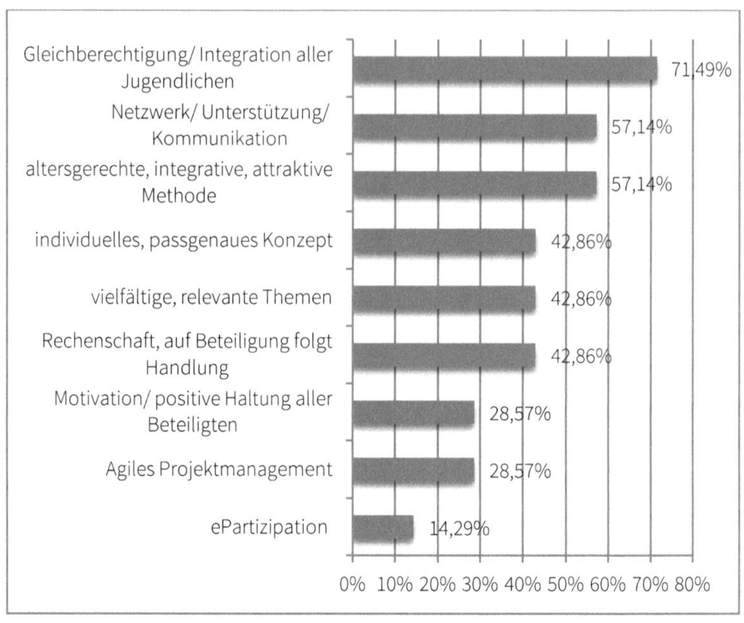

Abbildung 5.2:1: Benannte Qualitätskriterien des Beteiligungsprozesses in den Experteninterviews, eigene Darstellung

5.2.2.3 Ressourcen

Kinder- und Jugendbeteiligung stellt einen hohen zeitlichen, organisatorischen Aufwand dar und benötigt daher personelle aber auch finanzielle Ressourcen (Turek 2012; Goldschmied 2014). In diesem Zusammenhang ist es nicht überraschend, dass alle ExpertInnen den Bedarf an personellen Ressourcen äußern. Laut den InterviewpartnerInnen, sind die personellen Ressourcen in vier von sechs Kommunen nicht ausreichend, um Kinder- und Jugendbeteiligung nachhaltig zu verankern. Sie artikulieren den Veränderungsbedarf nach (weiteren) Stellenanteilen. Aufgabenbereiche dieser Person wären: Koordination zwischen den Akteuren, Informationen weitergeben, Projekte und Arbeitsgruppen strukturieren und anleiten sowie Kommunikationsstrukturen einrichten (Interview mit SozialarbeiterIn, 24.10.2018).

> *Ich habe das Gefühl, dass es mindestens eine 25 Prozent Stelle bräuchte, ob jetzt in der offenen Jugendarbeit oder in der Verwaltung.*
>
> (Interview mit JugendsozialarbeiterIn, 24.10.2018)

Alle bis auf eine/einen der befragten Lehrkräfte stellen fest, dass das Mittragen und Organisieren der Kinder- und Jugendbeteiligung dauerhaft kaum machbar sei, wenn es dafür keine speziell vorgesehen zeitlichen und personellen Ressourcen gibt. Ansonsten existiere die Gefahr, dass politische Beteiligung nicht die Wertschätzung erhalte, die es benötige. Viele Studien belegen, dass die Belastung von vielen Lehrkäften groß ist, sie unter Zeitdruck stehen und es an Pausen fehlt (Schaarschmidt, 2005; DAK, 2011; Lehr, 2014; Schneider & Gerold, 2018). Die ProbandInnen fordern Deputate für Beteiligung oder (vermehrt) externe Unterstützung durch die Kommune.

> *Wer jetzt Deputatsstunden ausrechnet, wird das nicht machen. Man darf nicht auf die Uhr schauen. [...]Es muss dann auch ein persönliches Interesse bestehen.*
>
> (Interview mit Lehrkraft, 16.10.2018)

> *Das Thema kann die Schule alleine nicht leisten in der Organisation und in der Durchführung [...]wir da keinerlei Ressourcen bekommen.*
>
> (Interview mit Schulleitung, 17.10.2018)

Ein weiterer Punkt ist, dass die Vorbereitung der Beteiligung in 80 Prozent der Fälle in der Verantwortung der Schulen liegt (zum Teil mit der Unterstützung durch Fragebögen oder Konzepten aus den Kommunen). An nur zwei Standorten erfolgt die Vorbereitung in aktiver Zusammenarbeit mit Kommune und Schule. An den beteiligten Schulen werden durchschnittlich ein zu hoher Aufwand und zu wenig Zeit- und Personalressourcen für die

Partizipationsprojekte beklagt. Nur an den Schulen, in denen die Kommunen einen aktiven Teil der Vorbereitung übernehmen, scheint der Aufwand tragbar zu sein. Möglicherweise ist eine Anbindung der Kommunen an die Schulen schon in der Vorbereitung sinnvoll.

> *Das Kinder- und Jugendbüro ist zudem auch noch in den Klassen unterwegs gewesen und Jugendbeteiligung als Prozess vorgestellt, auf ganz einfache Art und Weise, [...] um zu zeigen was ist Beteiligung, wie läuft das ganze ab, was kann man da erreichen, wozu treffen wir uns für die Jugendhearings.*

(Interview mit Abteilungsleitung Jugend und Soziales, 25.10.2018)

> *Die Vorbereitung lief bei uns in der Schule ab. Dass eben eine Klasse informiert wurde, die dann die anderen informiert haben. [...]die Schüler waren gut informiert, sie konnten das dann auch gut multiplizieren [...] Es hat sich dadurch, dass das Kinder- und Jugendbüro alles initiieren und durchführt hat, für uns sehr stark in Grenzen gehalten.*

(Interview mit Lehrkraft, 17.10.2018)

5.2.2.4 Ziele und Verbesserungsvorschläge

Für ProbandInnen aus Kommune sowie Schule ist es das Ziel Interesse an Politik zu wecken und eine gewisse Nähe zu politischen Themen herzustellen. Kommunen erhoffen sich durch das Einbeziehen der Expertenperspektive der Jugend, eine höhere Akzeptanz der getroffenen Entscheidungen (vgl. auch Deth 2014, In: Pohl & Massing 2014; Danner, 2001, In: Bundeszentrale für politische Bildung, 2002).

> *Und ich habe die Erfahrung gemacht, dass Sichtweise von Jugendlichen, auch zu allgemeinen Projekten, teilweise anders sind und zu einer differenzierteren Sichtweise dann in den entscheidenden Gremien führt.*

(Interview mit BürgermeisterIn, 25.10.2018)

Zusammenhängend mit dem Aspekt der legitimitätsorientierten Begründung, ist die Rekrutierung der Themen für die Kinder- und Jugendbeteiligung. In zwei Kommunen erfolgt die Themenwahl nicht nur über die SchülerInnen, sondern auch kinder- und jugendrelevante Themen aus Verwaltung und Kommune fließen mit ein. In diesen Kommunen wird es als wichtig angesehen, dass durch die Rückkopplung der aktuellen Themen, richtige Entscheidungen getroffen werden und die gesamte Bevölkerung inkludiert ist.

Außerdem streben 60 Prozent der Befragten, durch die Einbindung der SchülerInnen, eine Erhöhung der Bereitschaft für politisches, bürgerschaftliches und soziales Engagement an. Voraussetzung für Engagement ist unter anderem eine aktive Bürgerschaft, die sich für Belange, welche sie betreffen, einsetzt. Es braucht allerdings auch Kommunen oder Institutionen, die Gestaltungsräume ermöglichen (Mutz, 2011).

Zugleich ist Demokratiebildung ein entscheidendes Ziel für die ExpertInnen aus Kommune und Schule. Schulen legen neben dem Ziel der Demokratiebildung, den Fokus auf eine Kompetenzentwicklung der SchülerInnen. Wie bereits erwähnt, ist das auch ein Ziel übergeordneter Gremien, wie den Regierungspräsidien und Ministerien (vgl. u.a. Bundesministerium des Inneren, 2018; Regierungspräsidium Freiburg). Die aktuelle noch defizitäre Unterrichtssituation der politische Bildung, weißt Bedarf an Optimierung auf (Schneider & Gerold, 2018; Hedtke & Gökbudak, 2018). Möglicherweise durch die Verknüpfung mit kommunaler Kinder- und Jugendbeteiligung.

Ich erhoffe mir dadurch einfach auch die jungen Menschen für politische Diskussionsprozesse zu begeistern. Vor allem, dass Politik nicht nur da oben in Berlin, Brüssel stattfinden von irgendwelchen elitären Menschen, sondern dass es Tag täglich vor Ort sattfindet, dass das genauso Politik ist. Das mich das persönlich viel mehr betrifft, was mein direktes Lebensumfeld angeht. Es gelingt auch dadurch junge

Menschen zu motivieren sich überhaupt im gesellschaftliche Umfeld sich in Diskurs zu begeben und sich einzubringen und nicht nur zu konsumieren, zu leben und Dinge anzunehmen, sondern auch in Frage zu stellen. In so weit ist es auch ein politische Bildungsauftrag den auch eine Gemeinde zu erfüllen hat, meines Erachtens.

(Interview mit BürgermeisterIn, 25.10.2018)

Den größten Verbesserungsbedarf, welchen die ProbandInnen sehen:

- Es braucht klare Strukturen und Voraussetzungen für Koordination und Kommunikation, bist auf die Pilotprojekt, in denen es bereits eine AnsprechpartnerIn für die Organisation und Durchführung von Kinder- und Jugendbeteiligung gibt.

  Es braucht eigentlich eine Struktur. Und eigentlich ist die Struktur die Zeit und die Kommunikation.

  (Interview mit Lehrkraft, 22.10.2018)

  Da muss ich feststellen, dass es halt echt schwierig ist, wenn es keine Person gibt, die das Ganze koordiniert. Eine Person, die das alles im Überblick behält und zwischen den Akteuren kommuniziert und Informationen weiter gibt.

  (Interview mit JugendsozialarbeiterIn, 24.10.2018)

  Dass ich mit dem dann Hand in Hand arbeiten würde und er das dann bei uns übernimmt. So als Bindeglied zwischen hier und der Gemeinde und den Schulen.

  (Interview mit Lehrkraft, 19.10.2018)

- Die nachhaltige Verankerung und Etablierung wird als Herausforderung gesehen, jedoch nicht hinterfragt.

  Die Gefahr ist immer da, [...] dass sich's eben ausläuft.

  (Interview mit BürgermeisterIn, 25.10.2018)

- Falls das bestehende Beteiligungsmodell nicht alle SchülerInnen berücksichtigt, wird dies zukünftig angestrebt.

Verbesserungsvorschläge wären [alle anderen SchülerInnen] besser mit einzubeziehen.

(Interview mit JugendsozialarbeiterIn, 18.10.2018)

5.2.2.5 Wirkung der Beteiligung und Rechenschaft

Laut den ProbandInnen der Schulen und der Jugendarbeit werden die Anliegen der Kinder- und Jugendbeteiligung in der Regel über den klassischen Weg durch das Einbringen in Gemeinderatssitzungen kommuniziert. Jedoch ist die Rückkopplung und Kommunikation von Gemeinderat zu den Beteiligten und Schulen oft eine Herausforderung. Sie fordern, dass durch feste Abläufe und die Anbindung an die kommunale Politik, beispielsweise durch Rechenschaftsberichte die Wirkung der Beteiligung sichergestellt wird. In einem Punkt sind sich alle Interviewten einig: Die Umsetzung oder zumindest eine Reaktion von seitens der EntscheidungsträgerInnen auf Beteiligungsprojekte ist eine Voraussetzung für gelingende Partizipation (vgl. Stange &Tiemann, 1999; Meinhold-Henschel, 2007).

Die Jugendlichen müssen einfach sehen, dass ihre Vorschläge Umsetzung finden. Dass sie sagen können: ‚Schau her, da waren wir beteiligt und das haben wir bewirkt.' Das ist ja ein Erfolgserlebnis. Immer nur gehört werden- nach dem Motto ‚Diskussion aber nichts weiter, das wäre dann zu wenig.'

(Interview mit BürgermeisterIn, 15.10.2018)

Die Information sollte zu den Schülern vordingen, wann was umgesetzt wird: Was ist aus den Ergebnissen geworden, was konnte man umsetzen und was nicht und woran lag das.

(Interview mit Lehrkraft, 17.10.2018)

141

In Kommunen, in denen noch keine transparente Wirkung ersichtlich ist, wird vor allem eine klare Kommunikationsstruktur zwischen den EntscheidungsträgerInnen der Kommunalpolitik und den Schulen, Kindern sowie Jugendlichen gefordert. Die üblichen Kommunikationskanäle des Gemeinderats scheinen hier vor allem die jungen BürgerInnen nicht zu erreichen. So stellt sich zukünftig die Frage, wie man SchülerInnen und beteiligte Institutionen besser erreichen kann, um eine transparente, regelmäßige Kommunikation zu gewährleisten. Möglicherweise spielt in diesem Punkt eKommunikation eine entscheidende Rolle:

> *Whatsapp hatten wir von vorne herein nicht eingeplant gehabt, aber ein paar der Gruppen haben das dann selbstständig gemacht [...] das war um einiges leichter mit denen dann nochmal Kontakt aufzunehmen, wenn's jetzt nochmal was zu besprechen gab.*
>
> (Interview mit JugendsozialarbeiterIn, 18.10.2018)

Die ProbandInnen der Kommunen stellen fest, dass die Kommunikation der Partizipationsprozesse über die Presse hinreichend gegeben sei.

5.2.2.6 Kompetenzzuwachs der beteiligten Kinder und Jugendlichen

Alle der Befragten, die mit den beteiligten Kindern und Jugendlichen in regelmäßigem Kontakt stehen, sehen die Beteiligung für diese als wertvoll an. Die ProbandInnen gehen davon aus, dass durch Beteiligung Interesse an Demokratie und Politik geweckt werden kann.

> *Auch so die Komplexität der Kommunalpolitik so zu verstehen, dass man eben tatsächlich dieses große Gremium des Gemeinderats erst mal überzeugen muss. Und dass es auch Zeit braucht, dass man nicht einfach einen Bedarf äußert und es in fünf Tagen realisiert, sondern dass Demokratie eben Zeit braucht, dass man da andere im Boot*

*haben muss. Also es sind viele Bereiche wo ich sagen würde,
da hat's einen positiven Effekt gehabt.*

(Interview mit Lehrkraft, 19.10.2018)

In manchen Kontexten wurde durch die Beteiligung bei einzelnen SchülerInnen ein Kompetenzzuwachs beobachtet: Selbstsicherheit, Verantwortungsübernahme, Gesprächsführung und Selbstorganisation scheinen unter anderem Outcomes von Beteiligungsprozessen zu sein.

*ich denke was bei ihnen ein Kompetenzzuwachs ist, also
Selbstsicherheit, für unsere Schüler wichtig, auch so angenommen
sein, [...] sich vor 300-400 Leute mit dem Mikro hingestellt, [...] Das ist
z.B. eine Kompetenz die sie super hinkriegen, aber auch konzentriert
bei der Sache zu sein, sich an ein Konzept zu halten, sich selbst ein
Konzept schreibt, was man da sagen will, das ist auch ein
Kompetenzzuwachs. [...] Sie sind sehr an der Aufgabe gewachsen
und fühlen sich verantwortlich für das was in x passiert.*

(Interview mit Lehrkraft, 19.10.2018)

Zusammenfassend kann gesagt werden, dass Lehrkräfte und SozialarbeiterInnen im einzelnen Fall einen Kompetenzzuwachs beobachten konnten. Es ist nicht möglich eine pauschale Aussage zu formulieren. Die erfassten Outcomes bieten erste Anhaltspunkte, um zukünftig prozessbegleitend den Kompetenzzuwachs zu evaluieren.

5.2.2.7 Nachhaltige Verankerung von Kinder- und Jugendbeteiligung

Auf die Frage welche Voraussetzungen es für eine nachhaltige Verankerung der Kinder- und Jugendarbeit bedarf, ergab sich folgendes Stimmungsbild:

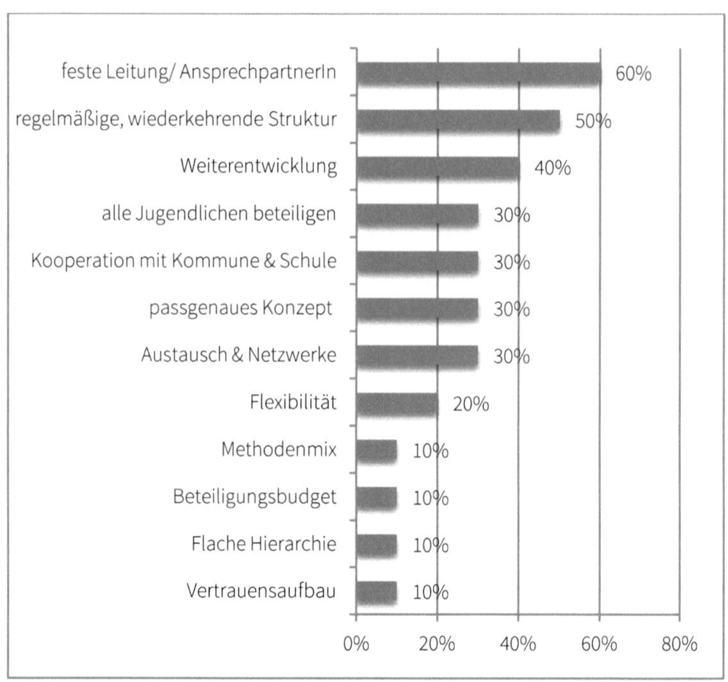

Abbildung 5.2:2: Bestandteile einer nachhaltigen Verankerung, eigene Darstellung

Die Auswertung der Codes zur nachhaltigen Verankerung gibt eine gute Zusammenfassung über die wichtigsten Punkte der Experteninterviews.

Der meist benannte und relevanteste Punkt ist eine feste Koordinationsperson, welche zugleich AnsprechpartnerIn ist. Damit hängt eine wiederkehrende, regelmäßige und beständige Struktur zusammen, welche organisiert und kommuniziert werden muss.

Ich glaube wir werden nicht umhin kommen eine Person einfach zu installieren, die sich dieses Themas annimmt.

(Interview mit BürgermeisterIn, 15.10.2018)

> *Ich fände es gut, wenn [...] darüber nachgedacht wird, wirkliche Stellen, wie es im Landkreis Breisgau Hochschwarzwald schon der Fall ist, für Jugendpartizipation zur Verfügung zu stellen. Zumindest Stellenanteile.*

(Interview mit Abteilungsleitung Jugend und Soziales, 25.10.2018)

Den Austausch und die Kooperation zwischen Schule und Verwaltung sehen die ProbandInnen als förderndes Element der Kinder- und Jugendbeteiligung an. Außerdem scheint es relevant zu sein, sich kontinuierlich für Beteiligung einzusetzen, dass diese keinen Stillstand erfährt und sich weiterentwickelt. Dazu gehört auch eine regelmäßige Reflexion, Evaluation und Optimierung des Prozesses.

> *Aber dass man es auch immer wieder hinterfragt, ist das noch der richtige Weg, passt das noch, gibt's veränderte Rahmenbedingungen, muss ich noch nachjustieren.*

(Interview mit BürgermeisterIn, 25.10.2018)

Drei InterviewpartnerInnen fänden ein Netzwerk für Austausch und gegenseitige Unterstützung hilfreich.

> *Was ich auch sehr wichtig finde ist, dass die funktionierenden Konzepte und Arten zu beteiligen noch intensiver ausgetauscht werden. Dass man einfach mit den Tools versorgt ist und Tools auch so weitergibt, wie man die in anderen Städten gut zur Blüte bringen kann.*

(Interview mit Abteilungsleitung Jugend und Soziales, 25.10.2018)

Weitere Bestandteile, welche nach Expertenmeinung hilfreich sind, sind ein auf die Kommune zugeschnittenes, passgenaues Konzept, sowie flexible Strukturen, um auf Veränderungen und Zielgruppen eingehen zu können. Um möglichst viele Kinder und Jugendliche zu erreichen, erscheint es sinnvoll vielfältige Methoden und niederschwellige Zugänge zu schaffen. Nicht zuletzt hätten drei der Befragten gerne ein Beteiligungsbudget. Vertrauen, Kommunikation auf Augenhöhe sowie flache Hierarchien werden als förderliche

Kriterien für die nachhaltige Verankerung beschrieben.

.

5.3 Zusammenfassende Diskussion

Nachdem die einzelnen Ergebnisse bereits im Anschluss an deren Vorstellung diskutiert wurden, werden die Erkenntnisse an dieser Stelle zusammenfassend dargestellt und diskutiert. Eine externe Validität ist nicht gegeben. Bei der Übertragung der Erkenntnisse müssen Rahmenbedingungen und Voraussetzungen kritisch überprüft und angepasst werden. Komplexe Prozesse, wie Beteiligungsverfahren sind vielen Einflüssen ausgesetzt. Beispielsweise ist in der summativen Onlineevaluation kaum differenzierbar, welche der Einflüsse personenbezogen oder konzeptabhängig verursacht wurden. Durch die Beleuchtung unterschiedlicher Perspektiven wurde versucht diese Störvariablen zu berücksichtigen. Trotzdem kann der Ausschluss dieser nicht gewährleistet werden. Da die Verfasserin dieser Arbeit den Prozess der Projekte nur teilweise miterlebt hat, kann es auch vorkommen, dass einzelne Aspekte vernachlässigt wurden. Dadurch, dass in der Onlinebefragung keine Stichprobenziehung erfolgt ist und es auch keine Vergleichsgruppe gab, wurden die Ergebnisse entsprechend vorsichtig formuliert. Alle sechs Projekte hatten die Gemeinsamkeit der Kooperation von Schulen und Kommune. Die Umsetzung der Projekte verlief sehr unterschiedlich, was für die Evaluation der Qualitätskriterien eine spannende Voraussetzung darstellte. Auf Grund dessen ist die interne Validität jedoch nicht vollständig gegeben. Durch den Vergleich von aktuellen Studien und die Heranziehung von vielfältigen Erkenntnissen wurde versucht zufällige Zusammenhänge auszuschließen und bereits vorliegende valide Kriterien zu berücksichtigen. Bei der Implementierung der Forschungsergebnisse zur Optimierung der Kinder- und Jugendbeteiligungskonzepte bedarf es einem Austausch mit möglichst vielen Projektbeteiligten, um die spezifischen Ergebnisse sogfältig zu überprüfen. Dennoch bieten die Ergebnisse eine

Grundlage zur Orientierung für den weiteren Verlauf der Pilotprojekte und der Implementierung von neuen Projekten.

Die Ergebnisse der Faktorenanalyse zeigen Zusammenhänge von Variablen, welche Parallelen zur vorhandenen Literatur aufweisen. Die Faktoren der Kommunikation, Motivation, Selbstbestimmung und Beteiligungsgrad zeigen eine korrelative Wechselseitigkeit auf, was auch der Zusammenschluss der Elemente in der Faktorenanalyse zweiter Ordnung aufweist. Gerade der Aspekt der fairen Kommunikation hat einen erheblichen Einfluss auf die soziale Eingebundenheit und die Selbstbestimmung. Diese wiederrum steht in Verbindung mit der Eröffnung von Erfahrungsräumen und der Möglichkeit eines Kompetenzzuwachs. Dem Merkmal der Fairness sind ebenso die Zugangsvoraussetzungen zuzuordnen, welche den zweiten Bestandteil der Faktorenanalyse zweiter Ordnung darstellen. Kernaussage ist hierbei, dass möglichst viele Kinder und Jugendliche einen niederschwelligen Zugang zu Beteiligung erhalten sollten.

Die Aussagen der ExpertInnen bestätigen das Meinungsbild der SchülerInnen. Zudem gehen sie auf weiterführende strukturelle und kontextbezogene Aspekte ein. Im Fokus stehen neben der positiven Haltung zu Partizipation und dem Ziel der Demokratiebildung, die Koordination über eine zentrale Ansprechperson und damit verbunden ausreichende Ressourcen. Ein weiteres Qualitätskriterium, welches von allen Befragten als wichtig befunden wird, ist die Wirkung der Beteiligung. Dabei steht die Kommunikation über den Verlauf, konkrete Handlungsschritte und Umsetzung im Vordergrund. Auch das Informieren sowie Beteiligen an Misserfolg steht damit in Verbindung und kann zu einer erwünschten Konfliktkultur beitragen. Laut den ExpertInnen sind neben bereits genannten Merkmalen eine wiederkehrende Struktur, eine stetige Weiterentwicklung die Kooperation mit Schule und Kommune sowie der Austausch in Netzwerken für die nachhaltige Verankerung eines passgenauen Konzepts relevant. Diese vielfältigen Erkenntnisse können zu Demokratiebildung, einer engagierten Bürgerschaft und der Etablierung einer nachhaltigen Beteiligungskultur beitragen. Im weiteren Verlauf der Partizipationsprojekte wäre eine formative

Evaluation empfehlenswert. Hierbei könnten Zusammenhänge zu unterschiedlichen Zeitpunkten erhoben und ausgewertet werden. Dadurch wäre es beispielsweise möglich, eine Kompetenzentwicklung oder die Veränderung der Beteiligungsmotivation zu analysieren.

Festzuhalten ist, dass Beteiligung ein Thema von heute, aber auch der Zukunft ist und nicht an Bedeutung verlieren wird. Die Forschung ist diesbezüglich noch jung und zeigt viel Potential auf.

6 Integration der Ergebnisse in Form von Leitlinien

Fairness – Flexibilität – Freiraum
vielfältig – verantwortungsvoll – vernetzt

Ein Leitfaden für kommunale Kinder- und Jugendpartizipation

Im Folgenden werden Leitlinien für kommunale Kinder- und Jugendpartizipation in Kooperation mit Schulen, welche aus den Erkenntnissen der Evaluation entstanden sind, vorgestellt. Dabei werden vor allem standort- und konzeptübergreifende Merkmale präsentiert. Diese Kriterien müssen bei der Übertragung auf andere Projekte und Standorte überprüft und angepasst werden.

FAIRNESS

Zugang – Haltung – Prozess

Gleichberechtigung, Integration und Transparenz sind für das Gelingen von Kinder- und Jugendpartizipation eine wichtige Grundlage:

- Ziel ist eine möglichst breite Beteiligung: Kinder und Jugendliche sollten frühzeitig einbezogen werden, jeden Alters, aus allen Schulformen sowie junge Erwachsene aus Ausbildung oder Studium.
- Niederschwellige Zugangsmöglichkeiten für möglichst viele Kinder & Jugendliche sind eine Voraussetzung für einen inklusiven und fairen Beteiligungsprozess.
- Eine gleichberechtigende, ehrliche und transparente Haltung der Erwachsenen zum Thema Beteiligung und dem damit verbundenen Handeln im Partizipationsprozess hat Auswirkungen auf

das Wohlbefinden und die Motivation der Beteiligten. Die TeilnehmerInnen erhalten so das Gefühl ernst genommen zu werden und auf Augenhöhe zu kommunizieren.

KOMMUNIKATION

Vernetzung – Rechenschaft – Austausch

Wer, wie, wo und wann kommuniziert, ist entscheidend dafür wie die Planung und Durchführung von Partizipation angenommen, organisiert und umgesetzt wird.

- Im Fokus steht hierbei die Organisation der Kommunikation über zumindest eine/n klare/n AnsprechpartnerIn. Dessen Aufgabe ist unter anderem für alle beteiligten Personen (inklusive den Kindern und Jugendlichen) und Institutionen verfügbar zu sein sowie Strukturen und Inhalte zu kommunizieren. In diesem Zusammenhang zeigt sich der größte Ressourcenbedarf. Um die gesetzliche Pflicht der Jugendbeteiligung zu erfüllen, braucht es kontinuierliches, verfügbares Personal. Und um die Nachhaltigkeit des Projekts zu gewährleisten, bedarf es einer langfristigen Unterstützung, Organisation sowie Kommunikation.

- Die Koordination und Vernetzung von Schule und Kommune benötigt wiederkehrende Elemente. Diese müssen vor allem für involvierte Institutionen (insbesondere für die Schulen) nutzerfreundlich und zeitsparend sein. Es zeigt sich, dass es allen

Beteiligten entgegenkommt, wenn Koordinationstreffen von einer Ansprechperson organisiert werden.

- Die gängigen Kommunikationswege der Verwaltung und Politik über Gemeinderatssitzungen, Amtsblätter, E-Mail oder Homepage sind für Kinder und Jugendliche meist fern ihrer Lebenswelt. Dies erfordert sowohl die Heranführung als auch die Unterstützung der jungen Beteiligten. Jedoch gilt es auch hier Kompromisse einzugehen und zusätzlich Kommunikationswege der jungen Mitwirkenden zu berücksichtigen. eKommunikation hat an dieser Stelle eine unverzichtbare Funktion.

- Eine klare und ehrliche Kommunikation der Inhalte, Entscheidungsspielräume und Prozesse erhöht die Akzeptanz der jungen BürgerInnen. Hierbei ist ein inklusives Konfliktmanagement wie das gemeinsame Besprechen von Konflikten und das Finden von Lösungen wichtig. Dadurch können das Verständnis sowie die Toleranz von ungünstigen Rahmenbedingungen und Entscheidungen erhöht werden.

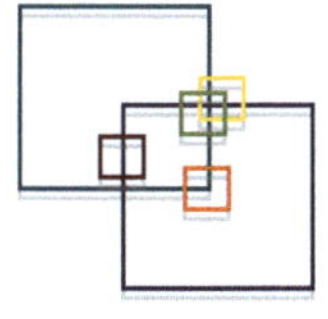

FREIRAUM

Selbstbestimmung – Mitbestimmung

Durch Beteiligung werden Räume geöffnet, um diese gemeinsam zu gestalten. Diese Verantwortungs- und Entscheidungsräume erfordern nicht nur das Annehmen derer durch Kinder und Jugendliche, sondern auch das

Abgeben durch Verwaltung oder Politik.

- Die Form der Kinder- und Jugendbeteiligung unter Vereinbarung von klaren Absprachen, Befugnissen und Bedingungen ist am prägnantesten als mitverantwortliche Selbstbestimmung zu beschreiben.

- Durch die Selbstbestimmung in vereinbarten Handlungsspielräumen haben junge Beteiligte die Chance in ein soziales Gefüge eingebunden zu werden, Autonomie zu erleben sowie damit verbundene Kompetenzen zu erlernen. Genau diese Gründe können dazu führen, dass Kinder und Jugendliche motiviert sind sich zu engagieren und Freude an der Mitbestimmung erfahren. Die Kommune muss sich bewusst sein über die rechtlichen und politischen Handlungsspielräume der Kinder und Jugendlichen. Somit können falsche Erwartungen vermieden werden.

- Bei der Einbindung von Lehrkräften, Organisatoren und weiteren, für die Beteiligung zuständigen Personen spielt dieser Aspekt ebenso eine entscheidende Rolle. Auch den Mitwirkenden sollten Gestaltungsräume im Sinne der Partizipation eingeräumt werden. Beispielsweise sollte die Workshopleitung Methoden anwenden, die nicht nur für die jungen BürgerInnen attraktiv sind, sondern auch für sie selbst sinnvoll erscheinen und Freude bereiten. Dieser Grund zeigt erneut die Relevanz einer positiven Haltung, der im Projekt involvierten Erwachsenen.

- Genauso vielfältig wie die Teilnehmenden

sind, sollten die Methoden und Themen sein. Ein Methodenmix ist hierbei zu empfehlen, um möglichst inklusiv alle Kinder und Jugendlichen mit einzubeziehen.

- Es ist sinnvoll junge Beteiligte in Themen einzubeziehen, welche auch die weitere Bevölkerung betreffen (beispielsweise der Organisation von Fahrradwegen). Hilfreich ist folglich, dass möglichst alle kinder- und jugendrelevanten Themen aus Verwaltung und Politik systematisch (vgl. Kapitel 9.5: Laufzettel für die Verwaltung) erfasst und in den Beteiligungsprozess integriert werden. Die Kommunen können durch die Beteiligung der jungen BürgerInnen profitieren. Dieses Verständnis und der wertschätzende Umgang signalisieren Kindern und Jugendlichen gebraucht zu werden. Ein weiteres Argument dafür ist die soziale Eingebundenheit, welche dadurch gefördert werden kann.

WIRKUNG

Prozessintegration – Umsetzung – Handeln

Beteiligen ist nur dann nachhaltig, wenn verbindliche Mitbestimmungsmöglichkeiten über relevante Inhalte bestehen. Eine weitere Voraussetzung ist, dass Beteiligung nicht in Gesprächen endet, sondern auch Wirkung zeigt.

- Mit *Wirkung* ist nicht in jedem Fall eine Umsetzung gemeint. Ein wichtiges Kriterium ist, dass Jugendliche nach ihrer Entscheidungsäußerung weiterhin in das

Verfahren integriert sind und über Veränderungen, Verzögerungen oder Umsetzungen beteiligt oder informiert werden.

- Das Einbeziehen der jungen ExpertInnen durch Politik und Verwaltung führt zu einer erhöhten Legitimation von Entscheidungen.

- In einem Beteiligungsprozess ist es relevant Kinder und Jugendliche in den gesamten Prozess zu integrieren und Rechenschaft abzulegen. Durch eine kontinuierliche Kommunikationsstruktur werden die Mitwirkenden auf dem aktuellen Stand gehalten.

- Positive Selbstwirksamkeitserfahrungen der Kinder und Jugendlichen erhöhen die Wahrscheinlichkeit der Bereitschaft sich zukünftig zu engagieren.

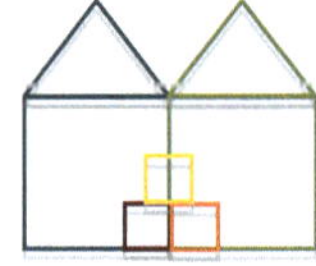

BILDUNG UND BETEILIGUNG

Kompetenzentwicklung – Vorbereitung – Kooperation

Demokratiebildung und das Erlernen von Beteiligungskompetenzen sind zwei Bestandteile, welche sich kaum trennen lassen. Schulen als auch Kommunen sehen Demokratieförderung und die damit verbundene Kompetenzvermittlung als zu erfüllenden Bildungsauftrag. Die Verbindung von Bildung und aktivem Erleben wird von Schulen, Kommunen und SchülerInnen durchschnittlich als sinnvoll und kompetenzfördernd empfunden.

- Über die Schulen und die damit verbundene

Schulpflicht kann ein Großteil aller Kinder und Jugendlichen erreicht werden. Demokratiebildung wird so in einem politischen Erlebnisraum erfahrbar.

- Der Vorteil einer umfassenden Vorbereitung von Beteiligung im Schulkontext liegt außerdem darin, dass SchülerInnen ähnliche Einstiegsbedingungen in einen Beteiligungsprozess erhalten.

- Die aktive Beteiligung der Kommune bereits im Schulkontext (beispielsweise durch das Mitwirken im Politikunterricht oder in einem Workshop) wird begrüßt und als gewinnbringend empfunden.

RAHMEN & FLEXIBILITÄT

Struktur – Agiles Projektmanagement – Weiterentwicklung

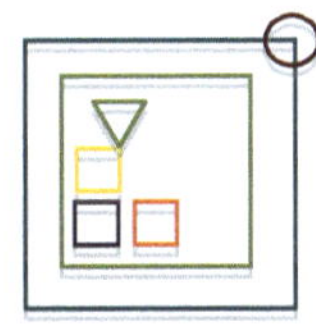

Bei einer regelmäßigen, wiederkehrenden Struktur bedarf ein komplexer Partizipationsprozess agiles Management und stetige Weiterentwicklung. Die Kontinuität von Verwaltung sowie die Spontanität und Flexibilität von Jugendlichen braucht Berührungspunkte, Kompromisse und verlässliche Absprachen.

- Ein individuelles und passgenaues Konzept ist die Grundlage für Kinder- und Jugendbeteiligung in Schulen und Kommunen.

- Netzwerke und Fachkreise für Methoden- und Erfahrungsaustausch können beim Aufbau und der Verankerung eine Unterstützung sein.

- Beteiligung findet im direkten Lebensumfeld mit möglichst allen Kindern und Jugendlichen statt, welche es als ihren Handlungsraum ansehen.
- Bei der Durchführung von Partizipationsveranstaltungen sind eine Moderation sowie eine gute Organisation (ausreichend Material, Personal, Räumlichkeiten und Zeit) unerlässlich. Diesbezüglich scheinen die jungen Teilnehmenden die Zusammenarbeit und ein fairer Diskurs in Kleingruppen von nicht mehr als acht bis zwölf Personen zu befürworten.
- Beteiligung braucht Zeit, Personal, Räumlichkeiten und finanzielle Mittel.
- Die Partizipationsmethode sollte den Kindern und Jugendlichen sowie den personellen, kontextbezogenen und thematischen Rahmenbedingungen angepasst werden.
- Ein prägnanter Name der Kinder- und Jugendbeteiligung ist für die Wiedererkennung und Bekanntheit von Vorteil.

BALANCE

Abstimmung – Evaluation – Optimierung

Es gibt keine Patentlösung für die Planung und Durchführung von Kinder- und Jugendbeteiligung.

- Grenzen zu erfahren und selbstwirksam

Prozesse zu gestalten mag gegensätzlich klingen, hängt jedoch eng zusammen. Für die EntscheidungsträgerInnen bedeutet dies jedoch auch, dass Beteiligung, die jungen BürgerInnen und deren Meinungen ernstgenommen und berücksichtigt werden müssen.

- Eine klare und transparente Kommunikation ist für eine faire Prozessgestaltung unverzichtbar. Nur durch eine positive Handlungserfahrung kann sich eine nachhaltige Handlungsbereitschaft etablieren.
- Regelmäßige Evaluation und Optimierung von Prozessen und Strukturen der Kinder- und Jugendbeteiligung ist für die Weiterentwicklung und Etablierung eines funktionierenden Konzepts unerlässlich.
- Mit einer nachhaltigen Verankerung der Kinder- und Jugendbeteiligung geht das Entstehen einer Beteiligungskultur einher.

7 Ausblick und Schlussbetrachtung

Ziel dieser Arbeit ist es Einblicke in das Thema Demokratiebildung sowie Kinder- und Jugendbeteiligung zu geben, ein Evaluationskonzept zu entwickeln und durchzuführen sowie aus den Ergebnissen Leitsätze für kommunale Beteiligung in Kooperation mit Schulen zu entwerfen. Die theoretischen und empirischen Grundlagen betonen dabei die Relevanz von Beteiligungsstrukturen und verdeutlichen das breite Spektrum der Etablierungsmöglichkeiten. Im Sinne der Demokratie, dennoch auch für das Erfüllen der gesetzlichen Pflicht, ist der Ausbau von Beteiligung unausweichlich. Die sechs evaluierten Projekte dieser Arbeit stellen unterschiedliche Modelle dar, mit der Gemeinsamkeit, dass alle die Kooperation zwischen Schule und Kommune, das Verknüpfen von Demokratiebildung und aktivem Erleben, als Kernelement ansehen. Schon nach kurzer Erprobung verbinden die ProbandInnen diese zwei Variablen. Zentrale Kriterien für Planung und Umsetzung sind für die jungen BürgerInnen hierbei Fairness und Gleichberechtigung, Raum für Selbstbestimmung, Kommunikation auf Augenhöhe sowie reale Entscheidungsbefugnisse. Die ExpertInnen der Beteiligungsprozesse ergänzen Kriterien für nachhaltige Verankerung, Wirkung und strukturelle Rahmenbedingungen von Partizipation. Zentraler Aspekt ist hierbei neben ausreichenden Ressourcen, die Haltung und Motivation der Durchführenden sowie Teilnehmenden. Festzustellen ist, dass Konzepte und Strukturen für die beteiligten Institutionen relevant sind, jedoch gerade die darauf aufbauende Durchführung und Prozessgestaltung, für Kinder und Jugendliche einen großen Einfluss haben. Das heißt im Mittelpunkt eines Projekts stehen die beteiligten und verantwortlichen Personen mit ihrer Leidenschaft, Hingabe und Begeisterungsfähigkeit.

Die Kommunen und Schulen der Pilotprojekte haben sich auf den Weg gemacht Konzepte und Prozesse zu entwickeln, zu evaluieren und zu optimieren. Das Potential dieser Studie ist, dass Schwächen und Stärken, Rahmenbedingungen und Qualitätskriterien der verschiedenen Vorgehensweisen analysiert wurden, welche zukünftig in die Beteiligungsprojekte mit einfließen können. So zeigt die Studie auch, dass Weiterentwicklung und stetige Qualitätsprüfungen relevant für eine nachhaltige Verankerung sind. Genauso wie die vorliegende Evaluation können regelmäßige Teambesprechungen, kollegiale Beratung, Fachaustausch, Lenkungsausschüsse und Feedbackgespräche bei der Progression hilfreich sein.

Im Ausblick auf die Evaluation und bezüglich weiterer Forschungen stehen viele Möglichkeiten zur Verfügung. Im Sinne einer Längsschnittstudie könnte die Evaluation zukünftig wiederholt werden. Hierbei wäre es möglich, den aktuellen Stand mit dem bereits Erhobenen zu vergleichen. So könnten Veränderungen festgestellt und analysiert werden. Zudem könnte untersucht werden, wie sich Jugendbeteiligung auf Kommunalpolitik und Gemeindeverwaltung auswirkt.

Die formulierten Leitlinien sollen neben Hinweisen zu konzeptionellen, kontextbezogenen und prozessbezogenen Merkmalen, Kommunen und Schulen ermutigen und inspirieren, junge BürgerInnen zu beteiligen. Politische Bildung und Beteiligung von Kindern und Jugendlichen ermöglicht diesen, sich auf ihre Rolle in der demokratischen Gesellschaft vorzubereiten. Seitens politischer EntscheidungsträgerInnen erfordert dies Vertrauen in junge BürgerInnen sowie die Bereitschaft zur Schaffung von Flexibilität und Freiräumen in politischen Entscheidungsprozessen. Beteiligung kann dazu beitragen, die Legitimität und Effizienz des demokratischen Systems und der öffentlichen Verwaltung zu erhöhen. Dadurch ist es möglich, unter Wahrung der repräsentativen Demokratie eine transparente und nachhaltig integrierte Beteiligungskultur zu schaffen. Die nachhaltige Etablierung von wirksamer Beteiligung kann ein relevanter gesellschaftspolitischer Faktor für den Erhalt und die Stärkung von demokratischen Gesellschaften sein.

8 Literaturverzeichnis

AGENDA 21 (1992): Konferenz der Vereinten Nationen für Umwelt und Entwicklung Rio de Janeiro, http://www.un.org/depts/german/conf/agenda21/agenda_21.pdf, (Stand: 18.11.2018)

AGJ (2010): Kinder- und Jugendreport, zur UN-Berichterstattung über die Umsetzung der UN-Kinderrechtskonvention in Deutschlad, http://www.kinder-jugendreport.de/documents/UN-KinderJugendreport_2010.pdf, (Stand: 20.11.2018)

Albrecht Steffen, Kohlrausch Niels, Kubicek Herbert, Lippa Barbara, Märker Oliver, Trénel Matthias, Vorwerk Volker, Westholm Hilmar, Wiedwald Christian (2008): E-Partizipation –Elektronische Beteiligung von Bevölkerung und Wirtschaft am E-Government, Bremen: zebralog- medienübergreifende Dialoge & Institut für Informationsmanagement Bremen GmbH (ifib) https://www.ifib.de/publikationsdateien/ifib-zebralog-e-partizipation-lang.pdf (Stand: 22.11.2018)

Allianz Vielfältige Demokratie (2017): Transparenz bei Bürgerbeteiligung, Handreichung für Projektverantwortliche, Gütersloh. Bertelsmann Stiftung, www.bertelsmann-stiftung.de/allianz-vielfaeltige-demokratie-ergebnisse, (Stand 25.11.2018)

Allianz Vielfältige Demokratie, Bertelsmann Stiftung (2017): Bürgerbeteiligung in Kommunen verankern, Leitlinien, Mustersatzung und Praxisbeispiele für ein verlässliches Zusammenwirken von Politik, Verwaltung und Bürgerschaft. Gütersloh, www.bertelsmann-stiftung.de/allianz-vielfaeltige-demokratie-ergebnisse, (Stand 25.11.2018)

Allianz Vielfältige Demokratie/Bertelsmann Stiftung (2017): Qualität von Bürgerbeteiligung, Zehn Grundsätze mit Leitfragen und Empfehlungen, Gütersloh, www.bertelsmann-stiftung.de/allianz-vielfaeltige-demokratie-ergebnisse, (Stand 25.11.2018)

Alliger George M., Tannenbaum Scotti I., Bennet Winston, Traver Holly, Shotland Allison (1997): A meta-analysis of the relations among training criteria, in: Personnel Psychology, Vol.50, Hoboken: John Wiley & Sons, S.258-341

Alt Christian, Teubner Markus, Winklhofer Ursula (2005): Partizipation in Familie und Schule - Übungsfeld der Demokratie, aus Politik und Zeitgeschichte, Ausgabe 41 URL: http://www.bpb.de/apuz/28786/partizipation-in-familie-und-schule-uebungsfeld-der-demokratie (Stand 23.11.2018)

Arnstein Sherry R.(1969): A Ladder Of Citizen Participation, in: Journal of the American Planning Association, Vol. 35(4), S. 216 — 224

Baldwin Timothy, **Ford** Kevin (1988): Transfer of Training, A review and direction for future research, in: Journal of Personnel Psychology, Vol. 41, John Wiley & Sons Verlag, S. 63-105

Barber Benjamin, Maus Ingeborg (1994): in Frevel Bernhard, Voelzke Nils (2017): Demokratie: Entwicklung - Gestaltung – Herausforderungen, 3. Auflage, Wiesbaden: Springer VS, S. 106-107

Barber, Benjamin (1994): Starke Demokratie: Über die Teilhabe am Politischen, Hamburg: Rotbuch Verlag

Batinic Bernad (Hrsg) (1997): Internet für Psychologen, Göttingen, Bern : Hogrefe

Bayrischer Jugendring, Qualitätsstandards für Jugendbeteiligung, Beschluss des 141. Hauptausschusses , 2012, https://www.bjr.de/themen/partizipation-und-demokratie/gelingende-jugendbeteiligung.html, (Stand 25.11.2018)

Behnken Imbke, Zinnecker Jürgen (2001): Die Lebensgeschichte der Kinder und die Kindheit in der Lebensgeschichte, in: dies (Hrsg.), Kinder. Kindheit. Lebensgeschichte: Ein Handbuch, Seelze-Velber, S. 16 - 32

Benighaus Christina, Wachinger Gisela, Renn Ortwin (2016): Bürgerbeteiligung: Konzepte und Lösungswege für die Praxis, Frankfurt am Main: Wolfgang Metzner Verlag

Berend Patrik (2002): Interne und externe Markenerweiterungen: Eine Analyse nachfrageseitiger Komplementaritäten, Wiesbaden: Springer Fachmedien

Bernard Russell (2006): "Multivariate Analysis.", in: Research Methods in Anthropology, Qualitative and Quantitative Approaches, 4.Auflage, Lanham: AltaMira Press, S.649-695

Bertelsmann Stiftung (Hrsg.) (2007): Kinder- und Jugendbeteiligung in Deutschland, Entwicklungsstand und Handlungsansätze, Gütersloh: Verlag Bertelsmann Stiftung

Biedermann Horst (2006): Junge Menschen an der Schwelle politischer Mündigkeit, Partizipation: Patentrezept politischer Identitätsfindung?, Münster, New York, München, Berlin: Waxmann

Biegelbauer Peter, Kapeller Sandro (2017): Mitentscheiden oder Mitgestalten: Direkte Demokratie versus Deliberation in lokalen Entscheidungsfindungsprozessen, SWS-Rundschau, Vol. 57, Wien: Gesis-Verlag, S. 32-55

Blandow Jürgen (2010): Mitsprechen und Mitbestimmen: Vom Recht auf Teilhabe, in Sozialpädagogisches Institut des SOS- Kinderdorf e.V. (2010), Glücklich an einem anderen Ort? Familienähnliche Betreuung in der Diskussion, München: SOS- Kinderdorf Eigenverlag, S. 61-75

Blandow Jürgen (2010): Mitsprechen und Mitbestimmen: Vom Recht auf Teilhabe, in: Sozialpädagogisches Institut des SOS- Kinderdorf e.V.(2010), Glücklich an einem anderen Ort? Familienähnliche Betreuung in der Diskussion, München: SOS- Kinderdorf Eigenverlag

Blandow Jürgen, Gintzel Ullrich, Hansbauer Peter (1999): Partizipation als Qualitätsmerkmal in der Heimerziehung, Eine Diskussionsgrundlage, Münster: Votum

Bohnsack Fritz, Dewey John (2004): Ein pädagogisches Porträt, München/Basel: UTB-Verlag

Braun Virginia., Clarke Victoria. (2006): Using thematic analysis in psychology, in: Qualitative Research in Psychology, Vol.3(2), Taylor & Francis Group, S.77–101

Braun Virginia., Clarke Victoria. (2013).: Successful qualitative research: a practical guide for beginners, Los Angeles: SAGE.

Brunner Claudia Franziska, Winklhofer Ursula, Zinser Claudia (1999): Modelle gesellschaftlicher Beteiligung von Kindern und Jugendliche, München: Deutsches Jugendinstitut

Büchner Peter (2002): Kindheit und Familie, in: Krüger Heinz-Hermann, Grunert Cathleen (2002): Handbuch Kindheits- und Jugendforschung, Opladen: Leske + Budrich, S. 475 - 496

Bukow Wolf-Dietrich (2000): Zwischen Partizipation und Mitbestimmung, in: Wolf- Dietrich Bukow und Susanne Spindler (Hrsg.): Die Demokratie entdeckt ihre Kinder, Politische Partizipation durch Kinder- und Jugendforen, Opladen: Leske + Budrich

Bundesministerium des Inneren (2017), politische Bildung, in: Heimat & Integration: http://www.bmi.bund.de/DE/Themen/Gesellschaft-Verfassung/Politische-Bildung/politischebildung_node.html, (Stand: 20.11.2018)

Bundesministerium für Familie, Senioren, Frauen und Jugend (2015): Qualitätsstandards für Beteiligung von Kindern und Jugendlichen, Berlin, https://www.bmfsfj.de/blob/94118/c49d4097174e67464b56a5365bc 8602f/kindergerechtes-deutschland-broschuere-qualitaetsstandards-data.pdf, (Stand 20.11.2018)

Bundesministerium für Verkehr und digitale Infrastruktur (2014): Handbuch für eine gute Bürgerbeteiligung, Berlin, https://www.bmvi.de/SharedDocs/DE/Publikationen/G/handbuch-buergerbeteiligung.pdf?__blob=publicationFile, (Stand 20.11.2018)

Bundesministerium für Wirtschaft und Energie, Industrie 4.0, https://www.plattform-i40.de/I40/Navigation/DE/Industrie40/WasIndustrie40/was-ist-industrie-40.html (Stand: 20.11.2018)

Bundesregierung, Bürgerdialog, https://www.gut-leben-in-deutschland.de (Stand: 20.11.2018)

Cleff Thomas (2015): Deskriptive Statistik und Explorative Datenanalyse: Eine computergestützte Einführung mit Excel, SPSS und STATA, 3. Auflage, Springer Link Bücher, Wiesbaden: Gabler Verlag.

Convention on the Rights of the Child (2009): general comment No. 12, The right of the child to be heard, http://www2.ohchr.org/english/bodies/crc/docs/AdvanceVersions/CRC-C-GC-12.pdf, (Stand: 20.11.2018)

Cremer Hendrik (2012): Kinderrechte und der Vorrang des Kindeswohls, Die UN-Kinderrechtskonvention bietet ein weites Anwendungsfeld, Anwaltsblatt, http://www.juris.de/jportal/portal/page/bsabprod.psml?doc.id=jzs-AnwBl2012040031-000_327&st=zs&showdoccase=1¶mfromHL=true#focuspoint (Stand: 19.11.2018)

DAK (2011): Lehrergesundheit: Was hält Lehrkräfte gesund?, Studie im Rahmen der DAK-initiative, Leuphana Universität Lüneburg, https://www.dak.de/dak/download/studie-lehrergesundheit-1318902.pdf (Stand 25.11.2018)

Danner Stefan (2001): Wie stimmig sind die Ziele von Beteiligungsaktionen mit Kindern und Jugendlichen in der Kommune?, Bundeszentrale für politische Bildung, http://www.bpb.de/apuz/25947/wie-stimmig-sind-die-ziele-von-beteiligungsaktionen-mit-kindern-und-jugendlichen-in-der-kommune?p=all (Stand 20.11.2018)

Deci Edward L., Ryan Richard M. (1993): Die Selbstbestimmungstheorie der Motivation und ihre Bedeutung für die Pädagogik, in: Zeitschrift für Pädagogik 02/1993, Vol. 39, Verlagsgruppe Beltz, S. 223-238, https://www.pedocs.de/volltexte/2017/11173/pdf/ZfPaed_1993_2_D eci_Ryan_Die_Selbstbestimmungstheorie_der_Motivation.pdf (Stand: 20.11.2018)

Deci Edward L., Ryan Richard M. (2002): Overview of self-determination theory: An organismic dialectical perspective, in Deci Edward & Ryan Richard: Handbook of selfdetermination research (S. 3-33). Rochester: University of Rochester Press

Deci Edward L., Ryan Richard M. (2017): Self-determination theory : basic psychological needs in motivation, development, and wellness, New York, London: The Guilford Press

Detjen Joachim (2014): Politische Bildung: Geschichte und Gegenwart in Deutschland, München: Oldenbourg Verlag

Deutsche Kinder- und Jugendstiftung (2014): Evaluation und wissenschaftliche Begleitung in der DKJS, https://www.dkjs.de/fileadmin/Redaktion/Dokumente/kompetenze n/Handout_Fachstelle_2014_05_15_web.pdf, (Stand 22.11.2018)

Deutschen Gesellschaft für Evaluation (2014): Standards für Evaluation, 2011, www.degeval.de

Deutsches Institut für Erwachsenenbildung (2014): Trends der Weiterbildung, DIE-Trendanalyse 2014, Bielefeld: Bertelsmann Verlag

Deutsches Institut für Menschenrechte, Berlin:https://www.institut fuer-menschenrechte.de/fileadmin/user_upload/Publikationen/ANALYSE /Analyse_Beteiligung_von_Kindern_und_Jugendlichen.pdf, (Stand: 20.11.2018)

Deutsches Kinderhilfswerk (2016): Kinderreport Deutschland 2016, Rechte von Kindern in Deutschland, Berlin: Deutsches Kinderhilfswerk e.V., https://www.dkhw.de/fileadmin/Redaktion/1_Unsere_Arbeit/1_Sch werpunkte/2_Kinderrechte/2.2_Kinderreport_aktuell_und_aeltere/K inderreport_2016_Deutsches_Kinderhilfswerk.pdf   (Stand: 20.11.2018)

Dewey John (1916): Democracy and Education, An Introduction to the Philosophy of Education, New York: Macmillan Company

Dietz Thomas, Stern Paul (2008): Public participation in environmental assessment and decision making, Washington, D. C.: National Academies Press

Donabedian Avedis (1980): The Definition of Quality and Approaches to its Assessment – Explorations in Quality, Assessment and Monitoring, Michigan: Health Administration

Dormann Carsten (2013): Parametrische Statistik, Berlin, Heidelberg: Springer Verlag

Dresing Thorsten., Pehl Thorsten (2017): Praxisbuch Interview, Transkription & Analyse: Anleitungen und Regelsysteme für qualitativ Forschende, 7. Auflage, Marburg: Eigenverlag

Dressler Matthias, Telle Gina (2009): Meinungsführer in der interdisziplinären Forschung, Bestandaufnahme und kritische Würdigung, Wiesbaden: Gabler

Eckey Friedrich, Kosfeld Reinhold, Rengers Martina (2002): Multivariate Statistik, Wiesbaden: Gabler

Farin Klaus (2012): Jugend & Engagement, in: BBE- Newsletter; http://www.b-b-e.de/fileadmin/inhalte/aktuelles/2012/04/nl08_farin.pdf,   (Stand 25.11.2018)

Fatke Reinhard., Schneider Helmut (2007): Kinder- und Jugendbeteiligung in Deutschland, Entwicklungsstand und Handlungsansätze, Gütersloh: Bertelsmann Stiftung

Flügge Erik, Gerrits Lucas, Wenzl Udo (2013): Partizipation und Unterricht in der Grundschule, Eine Praxisstudie zur Qualitätsprüfung von Kinderbeteiligung im Rahmen von Schulprojekten, in Syring Marcus, Flügge Erik (2013): Die Erstbegegnung mit dem Politischen.

Erfahrungsorientierte politische Erstkontakte in Unterricht, Schule und Lebenswelt, Immenhausen: Prolog Verlag

Fuchs Dieter, Roller Edeltraut (2016): Einstellungen zu Demokratie und Sozialstaat, in Statistisches Bundesamt (Destatis), Wissenschaftszentrum Berlin für Sozialforschung, Datenreport 2016, Bonn: Bundeszentrale für politische Bildung https://www.destatis.de/DE/Publikationen/Datenreport/Downloads /Datenreport2016.pdf?__blob=publicationFile (Stand: 26.11.2018)

Geisen Thomas, Riegel Christine (2009): Jugend, Partizipation und Migration, Orientierungen im Kontext von Integration und Ausgrenzung, Wiesbaden: VS Verlag für Sozialwissenschaften

Gille Martina, Sardei-Biermann Sabine, Gaiser Wolfgang, de Rijke Johann (2006): Jugendliche und junge Erwachsene in Deutschland, Lebensverhältnisse, Werte und politische Beteilung 12 - 29-Jähriger, DJI-Jugendsurvey, Band 3, Wiesbaden: VS Verlag für Sozialwissenschaften

Goldschmidt Rüdiger (2014): Kriterien zur Evaluation von Dialog- und Beteiligungsverfahren, Wiesbaden: Springer VS

Greven Michael T. (2005): Politische Bildung in der politischen Gesellschaft, Erziehung zur Demokratie, in G. Himmelmann & D. Lange (Hrsg.), Demokratiekompetenz, Beiträge aus Politikwissenschaft, Pädagogik und politischer Bildung, Wiesbaden: VS Verlag für Sozialwissenschaften

Gürlevik Aydin, Hurrelmann Klaus, Palentien Christian (2016): Jugend und Politik im Wandel?, in: Gürlevik Aydin, Hurrelmann Klaus & Palentien Christian (Hrsg.), Jugend und Politik, Politische Bildung und Beteiligung von Jugendlichen, Wiesbaden: Springer VS

Habermas Jürgen (1981): Theorie des kommunikativen Handelns, Frankfurt am Main: Suhrkamp

Hafeneger Benno, Jansen Mechthild. M., Niebling Torsten (Hrsg.) (2005): Kinder- und Jugendpartizipation im Spannungsfeld von Akteuren und Interessen, Opladen: Verlag Barbara Budrich, S. 63-94

Hahn-Laudenberg Katrin (2016): Konzepte von Demokratie bei Schülerinnen und Schülern, Essen: Springer VS

Hanselmann Rolf (2011): Jugend beteiligt sich! Voraussetzungen, Möglichkeiten und Formen von jugendlicher Partizipation, Magazin zu jugendpolitischen Themen, Kinder- und Jugendring Sachsen-Anhalt e.V., Magdeburg, http://kjr-lsa.de/ger/publikationen/fakt/fakt_Partizipation_end.pdf, (Stand 21.11.2018)

Hart Roger A. (2008): Stepping Back from ‚The Ladder‘: Reflections on a Model of Participatory Work with Children. In: Alan Reid, Bjarne Bruun Jensen, Jutta Nikel und Venka Simovska: Participation and Learning. Perspectives on Education and the Environment, Health and Sustainability. New York: Springer

Hedtke Reinhold, Gökbudak Mahir (2018): Ranking Politische Bildung 2017, Working Paper, Vol 7, Bielefeld: Fakultät für Soziologie-Didaktik der Sozialwissenschaften; https://pub.uni-bielefeld.de/record/2917207 (20.11.2018)

Hefti M. (2008): Demokratie als Lebensform, Einstellungen und Vorstellungen gegenüber Schülerpartizipation, Masterarbeit, Pädagogische Hochschule Zentralschweiz: Luzern, Goldau, Zug

Helfferich Cornelia. (2011): Die Qualität qualitativer Daten: Manual für die Durchführung qualitativer Interviews (4. Auflage), Wiesbaden: VS Verlag

Hetherington Marc J., Husser Jason A. (2012): How Trust Matters: The Changing Political Relevance of Political Trust, in: American Journal of Political Science, Vol 56, Nr. 2, Midwest Journal of Political Science, S. 312-325

Hilpert Jörg (2011): Nutzen und Risiken öffentlicher Großprojekte: Bürgerbeteiligung als Voraussetzung für eine größere gesellschaftliche Akzeptanz, https://elib.uni-stuttgart.de/handle/11682/5560, (Stand 21.11.2018)

Holton Elwood F. III (1996): The flawed four-level evaluation model, in: Human Resource Development Quarterly, Vol.7, John Wiley & Sons Verlag, S. 5-21, https://www.uio.no/studier/emner/matnat/ifi/INF3280/v13/undervis ningsmateriale/holton1996flawedfourlevelevaluationmodel.pdf

Hradil Stefan (2005): Ungleichheiten in Deutschland, 8. Auflage, Wiesbaden: VS Verlag

IJAB (Fachstelle für Internationale Jugendarbeit der Bundesrepublik Deutschland e.V.) (2014): Youthpart – Jugendbeteiligung part in der digitalen Gesellschaft, https://www.ijab.de/uploads/tx_ttproducts/datasheet/youthpart-eParticipation_abschluss-web.pdf (Stand: 22.11.2018)

Initiative Allianz für Beteiligung e. V. (Hrsg.), Schmettow Petra, Isermann Dagmar (2016): Neuland gestalten! Praxishandbuch: Methoden und Praxisbeispiele für Bürgerbeteiligung in kleinen Städten und Gemeinden, Stuttgart, http://www.netzwerk-buergerbeteiligung.de/fileadmin/Inhalte/thementeams/laendlicher_raum/AfB-Methodenhandbuch_WEB.pdf, (Stand 18.11.2018)

Jörke Dirk (2003): Demokratie als Erfahrung: John Dewey und die politische Philosophie der Gegenwart. Wiesbaden: VS Verlag für Sozialwissenschaften

Kalina Andreas (2014): Erfolgreich Politisch Bilden, Faktensammlung zum Stand der politischen Bildung in Deutschland, 2. Auflage, Sankt Augustin/Berlin: Konrad-Adenauer-Stiftung e.V.

Kauffeld Simone (2015): Nachhaltige Personalentwicklung und Weiterbildung, Betriebliche Seminare und Trainings entwickeln, Erfolge messen, Transfer sichern, Berlin, Heidelberg: Springer SV

Kauffeld Simone, Bates Reid, Holton Elwood F., Muller Annette (2008): Das deutsche LerntransferSystem-Inventar (GLTSI): psychometrische Überprüfung der deutschsprachigen Version, in: Zeitschrift für Personalpsychologie, Vol.7 (2), Hogrefe Verlag, S. 50–69

Kegelmann Jürgen (2013): Die Kunst der Bürgerbeteiligung, in: Rechnungswesen und Controlling in der öffentlichen Verwaltung, Gruppe 4, Freiburg im Breisgau: Haufe Verlag, S. 375-386, http://www.hs-kehl.de/fileadmin/hsk/Hochschule/Fakultaeten/Privat/Privat_Kegelmann/Dokumente/PDF/Kunst_der_Buergerbeteiligung_02.2013.pdf (Stand: 20.11.2018)

Khasawneh Samer, Bates Reid A., Holton Elwood F. (2006): Construct validation of an Arabic version of the learning transfer systems inventory for use in Jordan, in: International Journal of Training and Development, Vol. 10 (3), Blackwell Publishing, S. 180-194

Kirby Perpetua, Bryson Sara (2002): Measuring the Magic, Evaluating and researching young people´s participation in public decision making, Arnegie Young People Initiative, London, https://www.yacwa.org.au/wp-content/uploads/2016/09/2643_MeasuretheMagic_001.pdf, (Stand: 19.11.2018)

Kirkpatrick Donald L. (1976): Evaluation of Training, in: R. L. Craig (Ed.). Training and development handbook: A guide to human resource development, 2.Auflage, New York: Mc Graw-Hill

Kirkpatrick Donald L., Kirkpatrick James D. (2006): Evaluating Training Programs, The Four Levels, 3.Auflage, San Francisco: Berrett-Koehler Publishers

Kirkpatrick Donald L., Kirkpatrick James D. (2010): Evaluating Training Programs Levels, San Francisco: Berrett-Koehler Publishers

Kleinhückelkotten Silke (2005): Suffizienz und Lebensstile, Ansätze für eine milieuorientierte Nachhaltigkeitskommunikation, Berlin: BWV

Knauer Raingard (2004): Beteiligungsprojekte mit Kindern und Jugendlichen in der Kommune: vom Beteiligungsprojekt zum demokratischen Gemeinwesen, Wiesbaden: Springer-Verlag

Knauer Raingard, Sturzenhecker Benedikt (2016): Demokratische Partizipation von Kindern, Weinheim und Basel: Juventa Verlag GmbH

Knauer Reingard, Sturzenhecker Benedikt (2005): Partizipation im Jugendalter, in: Hafeneger Benno, Jansen, Mechtild M., Niebling Torsten (2005): Kinder- und Jugendpartizipation im Spannungsfeld von Akteuren und Interessen. Opladen: Verlag Barbara Budrich

Kronauer Martin, Siebel Walter (2013): Polarisierte Städte, Soziale Ungleichheit als Herausforderung für die Stadtpolitik, Frankfurt am Main/New York: Campus Verlag

Kuckartz Udo (2012): Qualitative Inhaltsanalyse, Methoden Praxis Computerunterstützung, Weinheim, Basel: Beltz Juventa

Kuckartz Udo, Rädiker Stefan, Ebert Thomas, Stefer Claus (2009): Evaluation online, Internetgestützte Befragung in der Praxis, Wiesbaden: VS Verlag für Sozialwissenschaften

Ladwig Bernd (2013): Moderne politische Theorie, Schwalbach: Wochenschau-Verlag

Lamping Wolfram, Schridde Henning, Plaß Stefan, Blanke Bernhard (2002): Der Aktivierende Staat Positionen, Begriffe, Strategien, Studie, Arbeitskreis Bürgergesellschaft und Aktivierender Staat, Bonn: Friedrich-Ebert-Stiftung

Landesinstitut für Schulentwicklung (2016): Bildungsplan des Gymnasiums bzw. der Sekundarstufe, http://www.bildungsplaene-bw.de/site/bildungsplan/get/documents/lsbw/export-pdf/depot-pdf/ALLG/BP2016BW_ALLG_GYM_GK.pdf (Stand: 23.11.2018)

Lansdown Gerison (2004): Criteria for the evaluation of children´s participation in programming, in: Early Childhood Matters, Bernard van Leer Foundation, Nr. 103, S.35-39

Lansdown Gerison (2011): A framework for monitoring and evaluating children's participation, https://resourcecentre.savethechildren.net/sites/default/files/documents/4733.pdf (Stand: 20.11.2018)

Layton Mark C. (2018): Agiles Projektmanagement für dummies, Weinheim: WILEY-VCH Verlag

Lazarsfeld Paul F., Berelson Bernard, Gaudet Hazel (1948): The people's choice - how the voter makes up his mind in a presidential campaign, New York : Columbia Univ. Pr.

Lederer Bernd (2010): Auswertung quantitativer Daten, Universität Innsbruck

Lehr Dirk (2014): Belastung und Beanspruchung im Lehrberuf in der personenbezogenen Forschung, Gesundheitliche Situation und Evidenz für Risikofaktoren, in: Terhart Ewald, Bennewitz Hedda, Rothland Martin (2014): Handbuch der Forschung zum Lehrerberuf, 2. Auflage, Münster, München, Berlin [u.a.]: Waxmann, S. 947-968

Leitner Christine, Müller-Törönk Robert (2011): Evaluating e-participation projects in Austria, in: 5th Conference on electronic democracy, EDEM, University of Economics and Business Administrations, Vienna, http://edem2011.ocg.at/files/edem11-leitner.pdf, (Stand 19.11.1018)

Leonhart Rainer (2017): Lehrbuch Statistik: Einstieg und Vertiefung, 4. Auflage, Bern: Hogrefe

Levitt Heidi. M., Bamberg Michael., Creswell John. W., Frost David. M., Josselson,Ruthellen., Suárez-Orozco Carola. (2018): Journal article reporting standards for qualitative primary, qualitative meta-analytic, and mixed methods research in psychology: The APA Publications and Communications Board task force report. American Psychologist, 73(1), 26–46.

Linden Markus (2013): Die politische Repräsentation schwacher Interessen. In: Diez Alexander, Gillich Stefan: Barmherzigkeit drängt auf Gerechtigkeit. Anwaltschaft, Parteilichkeit und Lobbyarbeit als Herausforderung für Soziale Arbeit und Verbände, Leipzig: Evangelische Verlagsanstalt, S.89-108

Lotz Mathias, Görtler Michael, Partetzke Marc, Poma Sara, Winkler Marie (2017): Kritische politische Bildung: Standpunkte und Perspektiven, Schwallbach am Taunus: Wochenschau Wissenschaft

Lüttringhaus Maria (2000): Stadtentwicklung und Partizipation, Bonn: Verlag Stiftung Mitarbeit

Macintosh Ann, Whyte Angus (2006): Evaluating how eparticipation changes local democracy, London: Brunel University, http://www.gov2u.org/publications/Evaluating_eParticipation.pdf, (Stand 24.11.2018)

Massenberg Ann-Christine, Spurk Daniel, Kauffeld Simone (2015): Social Support at the workplace, motivation to transfer, and training transfer: A multilevel indirect effects model, in: International Journal of Training and Development, Vol.19, Blackwell Publishing Inc., S.161-178

Mauch Siegfried (2014): Bürgerbeteiligung: Führen und Steuern von Beteiligungsprozessen, Stuttgart, München, Hannover, Berlin, Weimar, Dresden: Richard Boorberg Verlag

Mayring Philipp (2003): Qualitative Inhaltsanalyse, Grundlagen und Techniken, Weinheim: Beltz

Mehr Demokratie (2012): Bürgerentscheide und Bürgerbeteiligung bei Großprojekten, http://www.mehr-demokratie.de/fileadmin/pdf/Themen19_Grossprojekte.pdf, (Stand 24.11.2018)

Meinhold-Henschel Sigrid (2007): Partizipation von Kindern und Jugendlichen in Deutschland, Gütersloh: Bertelsmann Stiftung, https://www.bertelsmann-stiftung.de/fileadmin/files/BSt/Publikationen/GrauePublikationen/GP_Partizipation_von_Kindern_und_Jugendlichen_in_Deutschland.pdf, (Stand 23.11.2918)

Meinhold-Henschel Sigrid (2007): Qualitätsanforderungen an Beteiligungsvorhaben, in: Bertelsmann Stiftung (Hrsg.): Kinder und Jugendbeteiligung in Deutschland, Entwicklungsstand und

Handlungsansätze, Gütersloh: Bertelsmann Stiftung

Mey Günter, Mruck Katja (Eds.) (2010): Handbuch qualitative Forschung in der Psychologie, 1.Auflage, Wiesbaden: VS Verlag für Sozialwissenschaften.

Ministerium für Klimaschutz, Umwelt, Landwirtschaft, Natur- und Verbraucherschutz NRW (2012): in: Paust Andreas (2016) Grundlagen Bürgerbeteiligung, Gütersloh: Bertelsmann Stiftung

Möhring Wiebke, Schlütz Daniela (2013): Handbuch standardisierte Erhebungsverfahren in der Kommunikationswissenschaft, Wiesbaden: Springer VS

Montessori Maria, Becker-Textor Ingeborg (1995): Kinder lernen schöpferisch, Freiburg: Herder

Moosbrugger Helfried, Kelava Augustin (2012): Testtheorie und Fragebogenkonstruktion, 2. Auflage, Berlin, Heidelberg: Springer-Verlag

Moser Sonja (2010): Beteiligt sein: Partizipation aus der Sicht von Jugendlichen, Wiesbaden: VS Verlag für Sozialwissenschaften

Müller Wolfgang (2015/2016): Marketing Analytics, Faktorenanalyse, Institut für angewandtes Markt-Management, Fachhochschule Dortmund, https://www.fh-dortmund.de/de/fb/9/personen/lehr/mueller/medien/Marketing_Analytics_-_Faktorenanalyse.pdf (Stand 23.11.2018)

Mutz Gerd (2011): Bürgerschaftliches Engagement, Zivilgesellschaftlicher Aufbruch oder Instrumentalisierung?, in: Sozial Extra, Vol. 35, Heidelberg: VS Verlag für Sozialwissenschaften, S.41-44

Netzwerk Bürgerbeteiligung (2013): Qualitätskriterien Bürgerbeteiligung. 10 Anforderungen an eine gute Bürgerbeteiligung, https://www.netzwerk-buergerbeteiligung.de/fileadmin/Inhalte/PDF-Dokumente/Qualita%CC%88tskriterien/nwbb_qualitaetskriterien_stand_februar2013.pdf, (Stand: 21.11.2018)

Newig Jens (2005): Erleichtert Öffentlichkeitsbeteiligung die Umsetzung (umwelt) politischer Maßnahmen? Ein Modellansatz zur Erklärung der Implementationseffektivität, in: Feindt Peter, Newig Jens (Hrsg.): Öffentlichkeitsbeteiligung, Partizipation, Nachhaltigkeit, Perspektiven der politischen Ökonomie, Marburg: Metropolis Verlag, S. 89-116

Newiger-Addy Griet (2016): Beteiligung von Kindern und Jugendlichen

Noe Raymond. A. (1986): Trainees' attributes and attitudes: Neglected influences on training effectiveness, in: The Academy of Management Review, Vol.11, S. 736-749

Osler Audrey (1997): The Contribution of Community Action Programmes in the Fields of Education, Training and Youth to the Development of Citizenship with a European Dimension: Final Synthesis Report, Birmingham: The University of Birmingham

Papadopoulos Yannis, Warin Philippe (2007): Are innovative, participatory and deliberative procedures in policy making democratic and effective?, Vol. 46, Nr. 4, European Journal of Political Research, Seite 445-472

Patzelt Werner J. (2005): Demokratie in Deutschland, Folgerungen für die politische Bildung, in Himmelmann Gerhard, Lange Dirk (Hrsg.), Demokratiekompetenz, Beiträge aus Politikwissenschaft, Pädagogik und politischer Bildung, Wiesbaden: VS Verlag für Sozialwissenschaften

Petersen Kerstin (1999): Neuorientierung im Jugendamt, Dienstleistungshandeln als professionelles Konzept Sozialer Arbeit, Neuwied: Luchterhand

Pohl Kerstin, Massing Peter (2014): Mehr Partizipation – mehr Demokratie?, Schwalbach: Wochenschau Verlag

Pomp David (2017): Auszüge aus einem Arbeitspapier der Gundelfinger Schulen, Gundelfingen, unveröffentlichtes Dokument

Porumbescu Gregory A., Grimmelikhuijsen Stephan (2018): Linking

Decision-Making Procedures to Decision Acceptance and Citizen Voice: Evidence From Two Studies. American Review of Public Administration (2018), Vol. 48 (8), S902-914

Rahyuda Agoes, Jawad Syed, Soltani Ebrahim (2014): The Role of Relapse Prevention and Goal Setting, in: Training Transfer Enhancement, Human Resource Development Review, Vol.3(4), S. 413–436

Rahyuda, Agoes, Syed, Jawad, Soltani, Ebrahim (2014): The Role of Relapse Prevention and Goal Setting in Training Transfer Enhancement, in: Human Resource Development Review, Vol. 13 (4), S. 413-436

Ramboll Management Consulting GmbH (2014): Strategischer Dialog Partizipation in Forschung und Innovation, in: Paust Andreas (2016): Grundlagen Bürgerbeteiligung, Gütersloh: Bertelsmann Stiftung

Regierungspräsidium Freiburg (2018): Demokratie lernen und lehren, https://rp.baden-wuerttemberg.de/rpf/Abt7/Ref77/Seiten/Schulgestaltung.aspx#Demo

Reicher Hannelore (2009): in Schwab Susanne (2014): Schulische Integration, soziale Partizipation und emotionales Wohlbefinden in der Schule, Wien: Lit Verlag

Reinhardt Sybille (2002): Schulische Anerkennung und demokratisches Lernen, in: Krüger Heinz Hermann et al. (Hrsg.): Jugend und Demokratie – Politische Bildung auf dem Prüfstand, Eine quantitative und qualitative Studie aus Sachsen-Anhalt, Opladen: Leske + Budrich

Roth Roland (2006): Qualitätssicherung und Evaluation der kommunalen Beteiligung von Kindern und Jugendlichen – Kriterien und Instrumente. Expertise im Auftrag der Bertelsmann Stiftung, unveröffentlichtes Manuskript

Rowe Gene, Frewer Lynn J. (2000): Public participation methods: A framework for evaluation, in: Science, Technology & Human Values,

Vol. 225, Nr. 1, SAGE Publications, https://journals.sagepub.com/doi/abs/10.1177/0162243900025001 01?journalCode=sthd

Rowe Gene, Frewer Lynn J. (2004): Evaluating Public Participation Exercises: A Research Agenda, in: Science, Technology, & Human Values, Vol. 29 No. 4, SAGE Publications, ftp://ftp.ige.unicamp.br/pub/CT001%20SocCiencia/Agosto%2016/R owe%20and%20Frewer%202004.pdf, (Stand 23.11.2018)

Ryan Richard M., Deci Edward L. (2017): Self-determination theory: basic psychological needs in motivation, development, and wellness, New York, London: The Guilford Press

Save the Children et al. (2014): Framework for Monitoring and Evaluating Children´s Participation, Save the Children Fund: London, https://resourcecentre.savethechildren.net/library/toolkit-monitoring-and-evaluating-childrens-participation-introduction-booklet-1 (Stand: 23.11.2018)

Schaarschmidt Uwe (2005): Halbtagsjobber?: psychische Gesundheit im Lehrerberuf - Analyse eines veränderungsbedürftigen Zustandes, Weinheim, Basel: Beltz

Schäfer Armin, Vehrkamp Robert, Gagné Jeremie F. (2013): Prekäre Wahlen, Milieus und soziale Selektivität der Wahlbeteiligung bei der Bremischen Bürgerschaftswahl 2013, Gütersloh: Bertelsmann Stiftung

Schieren Stefan (2010): Kommunalpolitik, Wochenschau-Verlag, Schwalbach

Schmidt Manfred G. (2010): Demokratietheorien. Eine Einführung. 5. Aufl. Bonn: Bundeszentrale für Politische Bildung

Schneider Sebastian H. (2018): Bürgerhaushalte in Deutschland, Individuelle und kontextuelle Einflussfaktoren der Beteiligung, Wiesbaden: Springer VS

Schneider Helmut, Gerold Markus (2018): Demokratiebildung an Schulen - Analyse lehrerbezogener Einflussgrößen, Gütersloh:

Bertelsmann Stiftung, https://www.bertelsmann-stiftung.de/fileadmin/files/Projekte/Jungbewegt/Lehrerbefragung_Demokratiebildung_final.pdf, (Stand 25.11.2018)

Schnell Rainer (1999): Methoden der empirischen Sozialforschung, 6. Auflage, München, Wien, Oldenburg: Oldenburg Verlag

Schnurr Stefan (2015): Partizipation, in: Otto Hans-Uwe, Thiersch Hans: Handbuch Sozialarbeit/Sozialpädagogik, 5. Auflage, München: Reinhardt Verlag, S. 1171-1181

Schröder Richard (1995): Kinder reden mit! Beteiligung an Politik, Stadtplanung und –gestaltung, Basel: Beltz Verlag

Schweizer Christine (2014): Evaluation der Supervision bei [U25], PH Freiburg und Arbeitskeis Leben Freiburg, Freiburg https://www.akl-freiburg.de/ (Stand 23.11.2018)

Schweizer Christine (2014): Jugendbeteiligung in Kirchzarten, Eine Zwischenevaluation., HS Kehl, Gemeinde Kirchzarten, unveröffentlichte Arbeit, Freiburg

Schweizer Christine (2017): Supervision für Fachkräfte tiergestützter Interventionen, Eine Studie zur Bedarfsanalyse sowie Evaluation bestehender berufsbegleitender Beratungen, Freiburger Institut für tiergestützte Therapie unveröffentlichte Arbeit, Freiburg

Seifert Josef W. (2003): Besprechungen erfolgreich moderieren. Mit Moderation effektiv leiten, erfolgreich teilnehmen, Zeit sparen. Offenbach: GABAL

Spiegel Salome (2007): Partizipation als Bildungspolitischer Anspruch an Tageseinrichtungen für Kinder, in Stroß Anette (2007): Bildung- Reflexion- Partizipation, Anstöße zur Professionalisierung von Erzieherinnen und Erziehern, Münster: LIT Verlag

Staatsministerium Baden-Württemberg (2014): Leitfaden für eine neue Planungskultur, Stuttgart, http://mitwirkung.bw21.de/Downloads/140304_Planungsleitfaden.pdf

Stadt Freiburg, Beteiligungshaushalt, https://beteiligungshaushalt.freiburg.de/beteiligungshaushalt/de/home (Stand: 20.11.2018)

Stadt Konstanz, Bürgerbefragung, http://www.stadt.konstanz.de/rathaus/00749/01594/01602/

Stange Waldemar (2009): Was ist Partizipation? Definitionen – Systematisierungen, Veröffentlichung im Rahmen der Beteiligungsbausteine des Deutschen Kinderhilfswerkes e.V., https://www.spielmobil-bayreuth.de/wp-content/uploads/2016/06/Baustein_A_1_1partizipation-dkhw.pdf, (Stand 25.11.2018)

Stange Waldemar, Meinhold-Henschel Sigrid, Schack Stephan (2008): Mitwirkung (er)leben, Handbuch zur Durchführung von Beteiligungsprojekten mit Kindern und Jugendlichen, Gütersloh: Verlag Bertelsmann Stiftung

Stange Waldemar, Tiemann Dieter (o.J.): Prüfsteine für eine gelungene Kinderbeteiligung, https://www.leuphana.de/fileadmin/user_upload/uniprojekte/netzwerg/Pruefsteine.pdf, (Stand 25.11.2018)

Stange Waldemar; Tiemann Dieter (1999): Alltagsdemokratie und Partizipation. Kinder vertreten ihre Interessen in der Kindertagesstätte, Schule, Jugendarbeit und Kommune. In: Hans-Jürgen Glinka, Christa Neuberger, Brigitte Schorn, Waldemar Stange, Dieter Tiemann und u.a.: Kulturelle und politische Partizipation von Kindern. Interessenvertretung und Kulturarbeit für und durch Kinder, Materialien zum Zehnten Kinder- und Jugendbericht, Band 3, München: Verlag Deutsches Jugendinstitut, S. 211–331

Streiner David, L. (2003): Starting at the beginning: An introduction to coefficient alpha and internal consistency, in: Journal of Personality Assessment, Vol. 80, Taylor & Francis Group, S. 99–103

Sturzbecher Dietmar, Hess Markus (2002): Partizipation im Kindesalter, in Hafeneger et al (2005), Kinder- und Jugendpartizipation, Opladen: Barbara Budrich Verlag, http://kjr-lsa.de/ger/publikationen/fakt/fakt_Partizipation_end.pdf   (Stand: 20.11.2018)

Sturzenhecker Benedikt (2009): Partizipation in der Offenen Jugendarbeit, Veröffentlichung im Rahmen der Beteiligungsbausteine des Deutschen Kinderhilfswerkes e.V. https://www.kinderpolitik.de/images/downloads/Beteiligungsbaust eine/c/Baustein_C_3_1.pdf (Stand: 20.11.2018)

Talpin Julian (2013): When Deliberation Happens - Evaluationg Discursive Interactions among Ordinary Citizens, in Geißel Brigitte, Joas Marko: Participatory Democratic Innovations in Europe, Improving the Quality of Democracy, Opladen, Berlin, Toronto: Barbara Budrich Verlag

Templ Karl-Ulrich, Wenzl Udo (2018): Kommune: Lernort für Demokratie und Beteiligung, unveröffentlichte Stellungnahme: Stuttgart, Waldkirch

Thielsch Meinald T., Weltzin Simone (2009): Online-Befragungen in der Praxis, in: Thielsch Meinald T., Weltzin Simone, Praxis der Wirtschaftspsychologie, Münster: MV Wissenschaft

Turek Elisabeth (2012): Partizipation von Kindern und Jugendlichen, Zentrum polis – Politik Lernen in der Schule: Wien, polis aktuell, Nr. 4/2012
https://www.partizipation.at/fileadmin/media_data/Downloads/the men/polis_partizipationvonkindernundjugendlichen_4_12.pdf, (Stand 18.11.2018)

UN- Kinderrechtskonvention (1989):
https://www.kinderrechtskonvention.info/ (Stand: 19.11.2018)

Urbinati Nadja, Warren Marc E. (2008): The Concept of Representation in Contemporary Democratic Theory, New York: University of California http://polisci.annualreviews.org (Stand: 21.11.2018)

van den Bos Kees (2002): Assimilation and contrast in organizational justice: The role of primed mindsets in the psychology of the fair process effect, In Organizational Behavior and Human Decision Processes, Vol. 89 (1), 866-880

VSV, Vorschriftensammlung für die Verwaltung in Baden-Württemberg, Richard Bloorberg Verlag, (Stand: 22.11.2018)

Wagner Reinhard, Grau Nino (2014): Basiswissen Projektmanagement, Prozesse und Vorgehensmodelle, Düsseldorf: Symposion Publishing

Walzer Michael (1992): Sphären der Gerechtigkeit, Ein Plädoyer für Pluralismus und Gleichheit, Frankfurt Main: Campus Verlag

Weber Florian (2012): in Frevel Bernhard, Voelzke Nils (2017): Demokratie: Entwicklung - Gestaltung – Herausforderungen, 3. Auflage, Wiesbaden: Springer VS

Weber Susanne M., Göhlich Michael, Schröer Andreas, Fahrenwald Claudia, Hildegard Macha (2013): Organisation und Partizipation, Beiträge der Kommission Organisationspädagogik, Wiesbaden: Springer VS

Weißeno Georg, Detjen Joachim, Juchler Ingo, Massing Peter, Richter Dagmar, (2010): Konzepte der Politik, Ein Kompetenzmodell, Bonn: Bundeszentrale für politische Bildung

Welker Martin, Werner Andreas, Scholz Joachim (2005): Online Research, Markt und Sozialforschung mit dem Internet, Heidelberg: dpunkt.verlag

Wenzl Udo (2018): Richtlinien für die Jugendbeteiligung der Stadt Waldkirch, unveröffentlichtes Arbeitspapier, Waldkirch

Widmaier Benedikt (2009): Die beste politische Bildung ist praktische Politik – Politische Bildung und politische Aktion, in: Praxis Politische Bildung, Vol. 3(9)

Winklhofer Ursula (2000): Partizipationsspielwiesen? Kinder- und Jugend-Engagement. Ergebnisse einer Studie zu Beteiligungsmöglichkeiten in der Kommune. In: Sozial Extra, Vol. 24, S. 30–34

Winklhofer Ursula, Zinser Claudia (2008): Jugend und gesellschaftliche Partizipation, in: Münchmeier Richard, Bingel Gabriele, Nordmann Anja (Hrsg.): Die Gesellschaft und ihre Jugend, Opladen: Verlag Barbara Budrich

Witzel Andreas (2000): The Problem-centered Interview, Forum Qualitative Sozialforschung / Forum: Qualitative Social Research, 1(1), http://www.qualitative-research.net/index.php/fqs/article/view/1132, (Stand 19.11.2018)

Wohnig Alexander (2016): Zum Verhältnis von sozialem und politischem Lernen: Eine Analyse von Praxisbeispielen politischer Bildung, Wiesbaden: Springer-Verlag

Wollmann Hellmut (1995): Implementationsforschung/ Evaluationsforschung, in: Dieter Nohlen (Hrsg.): Wörterbuch Staat und Politik, 3. Auflage, Bonn: Bundeszentrale für Politische Bildung, S. 268-272 .

Ziegler Beatrice, Waldis Monika (2018): Politische Bildung in der Demokratie, Wiesbaden: Springer VS

Zilleßen Horst (Hrsg.) (1998): Mediation. Kooperatives Konfliktmanagement in der Umweltpolitik, Opladen, Wiesbaden: Westdeutscher Verlag

Zinser Claudia (2014): Wo Beteiligung drauf steht muss sie auch drin sein! Qualitätsstandards von Beteiligung in der Jugendarbeit, in: Partizipation von Kindern und Jugendlichen, Sammlung der Beiträge der zweiten nationalen Konferenz zur non-formalen Bildung im Kinder-und Jugendbereich, Dommeldange: Ervice National de la Jeunesse,
http://www.snj.public.lu/sites/default/files/publications/Brochure_Etudes_et_conferences_-_Partizipation_vo_Kindern_und_Jugendlichen_0.pdf, (Stand 19.11.2018)

9 Appendix

9.1 Explorative Hauptachsenanalyse

Tabelle 9.1:1 Gesamte Faktorentabelle (angezeigte Werte <-3 oder >3), eigene Darstellung

	PA6	PA7	PA3	PA2	PA1	PA5	PA4
A016_01							0,717
A016_02							0,672
A016_03							0,616
A016_04					0,403		
A016_06			0,357		0,314		
A018			0,334				
A029							
A030					0,566		
A031		0,343			0,541		
A032_01			0,518				
A032_02	0,340		0,642				
A032_04	0,437						
A032_05	0,438				0,387		
A032_06	0,448				0,371		
A032_07	0,494				0,421		
A034_05	0,500						
A034_06	0,407		0,339				
A034_02	0,686						
A034_04	0,682						
A035_01		0,363					
A035_02		0,350					

	PA1	PA4	PA2	PA7	PA3	PA6	PA5
A035_05		0,466	0,424				
A035_07		0,510					
A035_08		0,415					
A035_10	0,313	0,394	0,439				
A036_02	0,430						
A036_01						0,709	
A036_03						0,860	
A036_04	0,764						
A036_06	0,969						
A036_07	0,744						
A036_08	0,828						
A036_11	0,893						
A037_01		0,750					
A037_02		0,738					
A037_03		0,642					
A037_05	0,338	0,510					
A037_06		0,489	0,355				
A042_07				0,680			
A042_08				0,845			
A042_09				0,742			
A042_10				0,702			
A042_11			0,567	0,529			
A042_12			0,601	0,387			
A038			0,362				

	PA1	PA4	PA2	PA7	PA3	PA6	PA5
SS loadings	7,85	6,52	3,15	3,14	2,29	1,87	1,68
Proportion Var	0.17	0,14	0.07	0.07	0.05	0.04	0.04

Cumulative Var	0.17	0,31	0,45	0,45	0.50	0,54	0,58
Proportion Explained	0.30	0,25	0,12	0,09	0.09	0,07	0,06
Cumulative Proportion	0.30	0,54	0,66	0.87	0.87	0,94	1

KMO – Wert: 0,896

Nach Item

A016_01	A016_02	A016_03	A016_04	A016_06	A018	A029
0,61	0,64	0,66	0,80	0,85	0,84	0,78

A030	A031	A032_01	A032_02	A032_04	A032_05	A032_06
0,81	0,84	0,94	0,93	0,95	0,95	0,93

A032_07	A034_05	A034_06	A034_02	A034_04	A035_01	A035_02
0,92	0,92	0,93	0,95	0,96	0,84	0,73

A035_05	A035_07	A035_08	A035_10	A036_02	A036_01	A036_03
0,95	0,96	0,96	0,96	0,96	0,70	0,68

A036_04	A036_06	A036_07	A036_08	A036_11	A037_01	A037_02
0,93	0,94	0,94	0,92	0,89	0,90	0,90

A037_03	A037_05	A037_06	A042_07	A042_08	A042_09	A042_10
0,95	0,95	0,95	0,77	0,66	0,54	0,59

A042_11	A042_12	A038
0,66	0,79	0,92

Tabelle 9.1:2 MSA-Werte, eigene Darstellung

MSA_Werte						
A016_01	A016_02	A016_03	A016_04	A016_06	A018	A029
0,613	0,636	0,658	0,804	0,847	0,844	0,781
A030	A031	A032_01	A032_02	A032_04	A032_05	A032_06
0,812	0,835	0,939	0,933	0,946	0,946	0,934
A032_07	A034_05	A034_06	A034_02	A034_04	A035_01	A035_02
0,918	0,924	0,930	0,953	0,964	0,838	0,726
A035_05	A035_07	A035_08	A035_10	A036_02	A036_01	A036_03
0,954	0,958	0,958	0,965	0,961	0,697	0,677
A036_04	A036_06	A036_07	A036_08	A036_11	A037_01	A037_02
0,928	0,936	0,937	0,920	0,886	0,904	0,898
A037_03	A037_05	A037_06	A042_07	A042_08	A042_09	A042_10
0,951	0,945	0,948	0,769	0,660	0,535	0,588
A042_11	A042_12	A038				
0,661	0,787	0,923				

Scree Plots

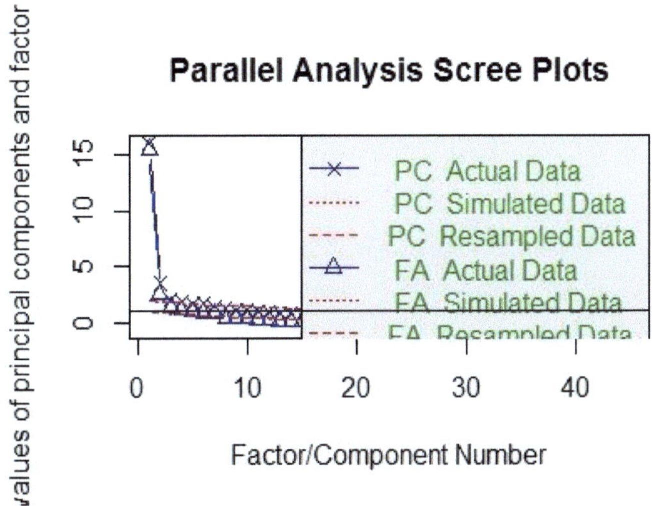

Abbildung 9.1:1 Parallelanalyse: Scree Plots, erste Faktorenanalyse, eigene Darstellung

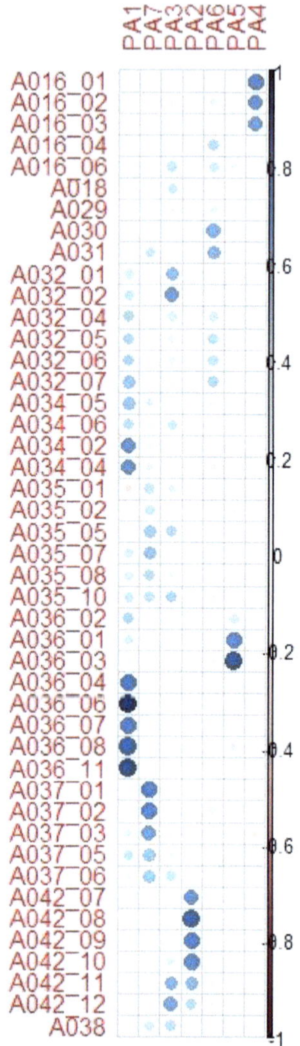

Abbildung 9.1:2 Grafische Darstellung der Faktoren, eigene Darstellung

188

9.2 Explorative Komponentenanalyse zweiter Ordnung

Tabelle 9.2:1 Explorative Faktorenanalyse zweiter Ordnung, eigene Darstellung

Loadings	PA1	PA2
PA1	0.85	
PA7	0.569	0.477
PA3	0.618	0.255
PA2		
PA6	0.525	0.292
PA5		0.902
PA4		

	PA1	PA2
SS loadings	1.636	1.180
Proportion Var	0.234	0.169
Cumulative Var	0.234	0.402

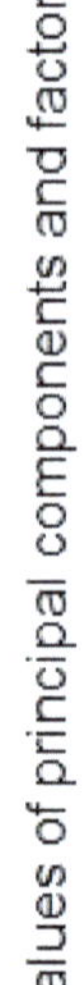
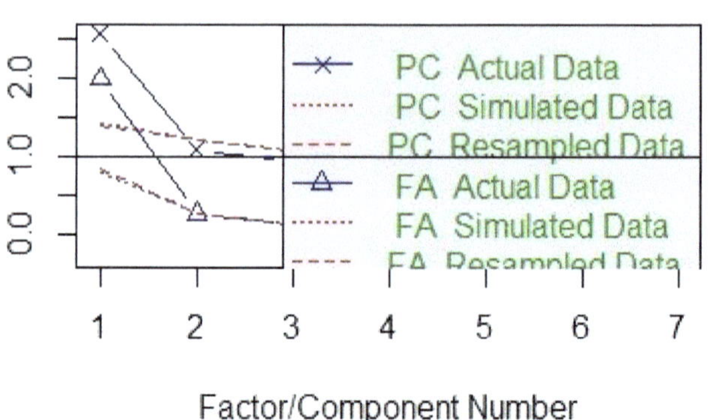

Abbildung 9.2:1 Parallelanalyse: Scree Plots, Faktorenanalyse zweiter Ordnung, eigene Darstellung

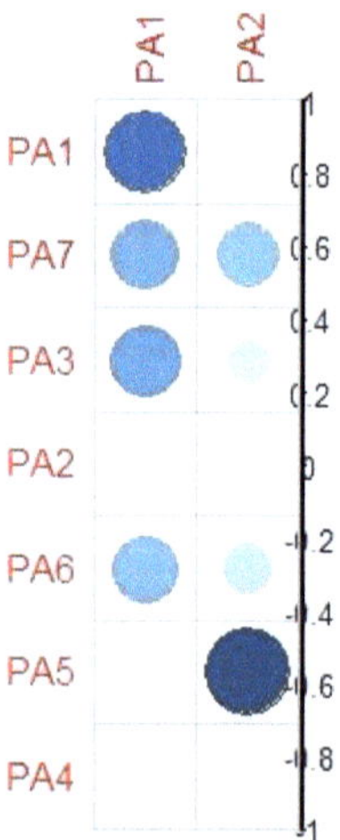

Abbildung 9.2:2 Grafische Darstellung der Faktoren zweiter Ordnung, eigene Darstellung

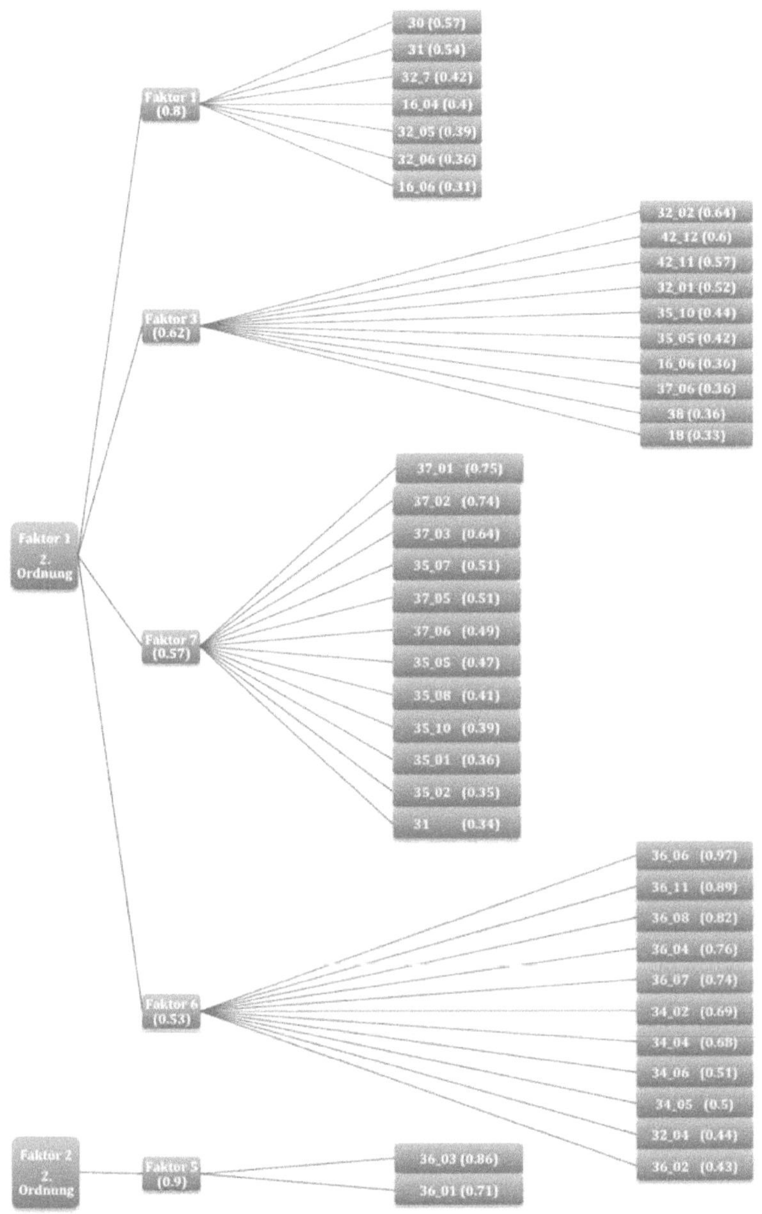

Abbildung 9.2:3 Struktur der Faktorenanalysen (Loading), eigene Darstellung

9.3 Interviewleitfaden

Evaluation der Pilotprojekte von „Schule und kommunale Jugendbeteiligung"

Einzelbefragung ausgewählter Gemeinschaftskunde-, Verbindungslehrkräfte, VerwaltungsmitarbeiterInnen, BürgermeisterInnen, JugendsozialarbeiterInnen

Rahmen-bedingungen	• Welche Haltung zu Beteiligung hat Ihre Institution? Was bedeutet Beteiligung in Ihrer Institution? Gibt es Beteiligungsstrukturen? Wenn ja, welche?
	• Was ist in Ihrem Konzept von entscheidender Bedeutung?
	• Wie wurden die Themen der Beteiligung ausgewählt? Wurde die Verwaltung/ Politik mit einbezogen?
	• Welche personellen und finanziellen Ressourcen hat das Projekt benötigt? Sind diese für eine nachhaltige Verankerung ausreichend?
Umsetzung	• Welche Beteiligungsmethoden werden im Projekt eingesetzt und warum?
	• Wie wurden Kinder/Jugendliche auf die Beteiligung vorbereitet?
	• Haben Kinder/Jugendliche die Möglichkeiten, den Projektverlauf mitzugestalten? Wenn ja, wie und in welcher Phase?
	• Wie werden die Interessen der Kinder/Jugendlichen in der Öffentlichkeit bzw. mit Entscheidungsträger*innen und Stakeholdern kommuniziert?
Qualitätssicherung	• Wie wird die Beteiligung der Kinder/Jugendlichen wertgeschätzt?
	• (Konnten Sie bei SchülerInnen einen Kompetenzzuwachs durch das Beteiligungsprojekt beobachten?- Lehrkraft-Frage)
	• Welche Ziele haben sie verfolgt? Welche wurden davon erreicht? Haben Sie Verbesserungsvorschläge?
	• Wird die Wirkung der Beteiligung sichergestellt und transparent gemacht?
	• Wie wird bei Ihnen Kinder- und Jugendbeteiligung nachhaltig verankert?

9.4 Items und Indikatoren der Befragung

Evaluations-prozess (vgl. Stange et al., 2008)	Qualitäts-dimensionen (vgl. an Zinser 2014)	Beteiligte Kinder/ Jugendliche	Beteiligte Kinder/ Jugendliche	Schule/ Kommunen
		Methode I deduktiv, quantitative Befragung	Methode II deduktiv, qualitative Befragung	Methode III induktiv, qualitatives strukturiertes Interview
Input (Ressourcen, Strukturen, Voraus-setzungen)	Struktur-qualität	Indikatoren/ Fragestellungen		
	1.Transparente Ziele	1. Ich wusste was die Ziele des Projektes sind. 2. Wir haben die Ziele gemeinsam festgelegt.		3. Welche Ziele haben sie verfolgt? Welche wurden davon erreicht? Haben Sie Verbesserungs vorschläge?
	2. Beteiligungs-kultur			1. Welche Haltung zu Beteiligung hat Ihre Institution? / Was bedeutet Beteiligung in Ihrer Institution? Gibt es Beteiligungsstr ukturen? Wenn ja, welche? 2. Fragen zur Öffentlichkeits arbeit/ Rechenschaft

	3. Kooperative, transparente Struktur	1. Beim Zusammenarbeiten war mir immer klar um was es geht und was wir als nächstes machen. 2. Wir haben nach dem Projekt gemeinsam über Erfolge und Probleme gesprochen. 3. Ich wusste was meine Aufgabe war. 4. Ich konnte entscheiden welche Themen und Inhalte bei dem Projekt besprochen werden.		
	4. Ressourcen (personell, finaziell, Ort, Zeit)	1. Der Ort, an dem das Projekt stattgefunden hat, hat mir gut gefallen.		2. Welche personellen und finanziellen Ressourcen hat das Projekt benötigt? Sind diese für eine nachhaltige Verankerung ausreichend?
	5. Zugang/ Auswahlprozess/ Integrativ	1. Die Wahl, wer bei dem Projekt mitmachen darf, ist fair abgelaufen. 2. Wenn man nicht gewählt wurde, hatte man trotzdem die Chance sich für das Projekt anzumelden.		

	6. Entscheidungs-befugnisse/ Verantwortung / Beteiligungs-grad	1. Ich wusste was meine Aufgabe war. 2. Jeder aus meiner Gruppe konnte mit reden und es wurde ihm/ihr zugehört. 3. Wie stark kannst du bei Entscheidungen in .. Mitbestimmen.		4. Haben Kinder/Jugendliche die Möglichkeiten, den Projektverlauf mitzugestalten? Wenn ja, wie und in welcher Phase? 5. Wird die Wirkung der Beteiligung sichergestellt und transparent gemacht?
	7. Vor- und Nachbereitung	1. In der Schule wurden wir auf das Projekt vorbereitet.		2. Wie wurden Kinder/Jugendliche auf die Beteiligung vorbereitet?
	8. Öffentlichkeitsarbeit/ Kommunikation			4. Wie werden die Interessen der Kinder/Jugendlichen in der Öffentlichkeit bzw. mit Entscheidungsträger*innen und Stakeholdern kommuniziert?
	9.zielgruppen-gerechte Information	1. Ich hatte alle Informationen, um mitzubestimmen.		
	10. Themen-auswahl	1. Ich konnte entscheiden welche Themen und Inhalte bei dem Projekt besprochen werden.		2. Wie wurden die Themen der Beteiligung ausgewählt?

	11. Kommuni-kation und Moderation des gesamten Ablaufes			Ressourcen
Output I (Aktivität, Veranstaltung)	**Prozess-qualität**		1. An dem Projekt müsste sich folgendes ändern: 2. Am besten gefällt mir an dem Projekt, dass:	
	12. Beteiligungs-rahmen	2. Wie stark kannst du bei Entscheidungen in .. mitbestimmen 3. Ich kann mitentscheiden bei/in:	1. Ich habe das letzte Mal in der Schule/ Gemeinde/ Stadt mitbestimmt.	
	13. Beteiligungs-grad/ -umfang	1. Ich konnte bei dem Kinder- und Jugendbeteiligungs-projekt: mich informieren- selbständig Entscheidungen treffen 2. Wie wir unsere Projekte planen/ durchführen das haben: Erwachsene entschieden- Wir Kinder und Jugendliche entschieden		
	14. Freiwilligkeit	1. Ich habe mich freiwillig am Projekt beteiligt.		
	15. Spaß/ zielgruppen-gerechte Methode	1. Das Projekt hat mir Spaß gemacht.		2. Welche Beteiligungsm ethoden werden im Projekt eingesetzt und

			warum?
16. Motivation	1. Ich war motiviert mitzumachen.		
			2. Welche Haltung zu Beteiligung hat Ihre Institution? / Was bedeutet Beteiligung in Ihrer Institution?
17. Vertrauen	1. Das was ich gesagt habe, wurde vertraulich behandelt. Also niemandem ohne mein Einverständnis gesagt. 2. Wenn von Erwachsenen bei dem Projekt etwas versprochen wurde, wurde das auch eingehalten.		
18. Zusammenarbeit/ kommunikation auf Augenhöhe: Haltung, Fairer Umgang/ Gleich- berechtigung/ Meinungsäuße rung/ Anerkennung	1. Meine Meinung und meine Ideen waren wichtig. 2. Jeder aus meiner Gruppe konnte mit reden und es wurde ihm/ihr zugehört. 3. Die Erwachsenen haben sich bemüht, dass niemand ausgeschlossen wurde. 4. Bei Fragen und Anmerkungen wurde ich von den Erwachsenen ernst genommen.		3. Wie wird die Beteiligung der Kinder/Jugend lichen wertgeschätzt?

19. Konfliktkultur	1. Bei Konflikten oder Fragen habe ich gewusst, an wen ich mich wenden kann. 2. Wenn etwas nicht funktioniert hat, haben wir das gemeinsam besprochen und Lösungen gesucht.		
20.Relevanz	1. Die Themen des Projektes waren mir wichtig. 2. Ich konnte entscheiden welche Themen und Inhalte bei dem Projekt besprochen werden. 3. Ich finde es wichtig, dass es so ein Projekt in meiner Schule/Gemeinde/Stadt gibt.		
21. Transparenz, Rechenschafts-pflicht	1. Beim Zusammenarbeiten war mir immer klar um was es geht und was wir als nächstes machen. 2. Wir haben nach dem Projekt gemeinsam über Erfolge und Probleme gesprochen. 3. Die Dinge, welche wir geplant haben, wurden umgesetzt oder werden bald umgesetzt.		
22. Empowerment / Selbstwirk-samkeit	1. Ich bin stolz darauf Teil eines Projektes zu sein. 2. Beteiligungsgrad: Planung/Durchführung		

	23. Unterstützung	1. Bei Fragen und Anmerkungen wurde ich von den Erwachsenen ernst genommen.		
Output II (Ergebnisse)	**Ergebnis-qualität**			
	24. Aufwand-Nutzen-Verhältnis	1. Der zeitliche Aufwand für das Projekt war gut machbar. 2. Wenn von Erwachsenen bei dem Projekt etwas versprochen wurde, wurde das auch eingehalten. 3. Ich würde beim nächsten Mal wieder mitmachen.		4. Wird die Wirkung der Beteiligung sichergestellt und transparent gemacht?
	25. Zeitnahe Umsetzung	1. Die Dinge, welche wir geplant haben, wurden umgesetzt oder werden bald umgesetzt.		2. Wird die Wirkung der Beteiligung sichergestellt und transparent gemacht?
Outcome I (individuelle Veränderung)	**Zugewinn-qualität**			
	26. Kompetenzentwicklung (Demokratie/ Beteiligung), Neues kennenlernen	(1. Ich habe durch das Projekt neue SchülerInnen kennengelernt.)	2. Durch das Projekt weiß ich jetzt besser was Beteiligung/ Mitbestimmung bedeutet. 3. Durch das Projekt weiß ich jetzt besser was Demokratie bedeutet.	4. Konnten Sie bei SchülerInnen einen Kompetenzzuwachs durch das Beteiligungsprojekt beobachten?

	27. Selbstwirksam keit/ Beteiligungs- motivation (Deci& Rian)	Ich war motiviert mitzumachen. Wir haben das Ziel gemeinsam festgelegt. Meine Meinung und meine Ideen waren wichtig. Ich bin stolz darauf Teil eines Projektes zu sein. Das Projekt hat mir Spaß gemacht. Die Dinge, welche wir geplant haben, wurden umgesetzt oder werden bald umgesetzt. Ich würde beim nächsten Mal wieder mitmachen.		
	28. Engagement/ Beteiligungs- motivation/ Transfer	1. Ich finde es wichtig, dass es so ein Projekt in meiner Schule/Gemeinde/Stad t gibt. 2. Ich würde beim nächsten Mal wieder mitmachen. 3. Ich würde zukünftig gerne mehr mitentscheiden in....		
Outcome II (gesellschaftli che Veränderung)	<u>**Zugewinnquali tät**</u>			
	29. Nachhaltige Verankerung			1. Wie wird bei Ihnen Kinder- und Jugendbeteilig ung nachhaltig verankert?
	30. Beteiligungsku ltur/Netzwerk			

9.5 Laufzettel zur Erfassung von Themen in der Verwaltung/ Politik

Laufzettel Gemeinde-/ Stadtverwaltung   Datum:

Amt:

Person/en:

Kinder- und Jugendrelevantes Thema:

____

____

Bitte bewerten Sie die folgenden Punkte nach dem Schulnotensystem:

(1 = sehr gut, 2 = gut, 3 = befriedigend, 4 = ausreichend, 5 = mangelhaft, 6 = ungenügend)

1. Dringlichkeit: 1   2   3   4   5   6
    (Lebenswelt der Zielgruppe)

2. Relevanz: 1   2   3   4   5   6
    (Zielgruppe, Gemeinde, Öffentlichkeit)

3. Wirksamkeit: 1   2   3   4   5   6
    (praktische Umsetzung)

4. Ressourcen: 1   2   3   4   5   6
    (finanzielle, räumliche, personelle und zeitliche Ausstattung)

5. Unterstützung: 1   2   3   4   5   6
    (relevante FürsprecherInnen)

6. Nachhaltigkeit: 1   2   3   4   5   6
    (langfristig angelegte)

Weitere Bemerkungen:

____

____

9.6 Entwicklungsmodell der Landeszentrale für politische Bildung Baden-Württemberg und des Regierungspräsidiums

Das entwickelte Konzept besteht aus vier Modulen:

<u>Modul 1</u>: Information und Entscheidungsfindung

1. <u>Information</u>

   Information interessierter Kommunen (Bürgermeister, Mitglieder des Stadt- bzw. Gemeinderates, Bürger und Bürgerinnen) und Schulen (Schulleitungen, Gk-Lehrkräfte, Verbindungslehrkräfte, Vertreter der Schülermitverantwortung)

2. <u>Entscheidungsfindung</u>

   Für die schulischen Entscheidungsprozesse ist im Blick zu behalten:

   - die Mitspracherechte der Lehrkräfte in angemessener Weise zu berücksichtigen.
   - die Beteiligung und die Zustimmung der Fachschaft Gemeinschaftskunde sowie der weiteren beteiligten Fachschaften. Ggf. auch des Schülerrats / der SMV, wenn das Projekt auch über diese Gremien in der Schule verankert wird.

   Für die Entscheidungsprozesse in der Gemeinde ist im Blick zu behalten die Verwaltung und den Gemeinderat einzubeziehen.

<u>**Modul 2:**</u> **Auftaktworkshop und Erarbeitung von Beteiligungs- und Arbeitsformaten**

3. <u>Auftaktworkshop</u>
    a) Zielgruppen
        – RP/SSA/Schule: RP-/SSA-Referenten, Schulleitungen, Gemeinschaftskunde-Lehrkräfte, Verbindungslehrer, Schulsozialarbeiter, Schülerinnen und Schüler
        – Gemeinde: (Ober)Bürgermeister, Gemeinderäte, Vertreter der Verwaltung, Vertreter der Jugendbeteiligungsformen
        – Lokale Presse
    b) Inhalte:
        – Zusammenbringen der Akteure des lokalen Projekts.
        – Vorstellung des Konzepts.
        – Ermöglichung erster Abstimmungen zwischen den Akteuren, vor allem zur Verankerung des Arbeitsprozesses zwischen Schülern bzw. Schülervertretern und Gemeinde bzw. Gemeindevertretern.
4. <u>Erarbeitung von Beteiligungs- und Arbeitsformaten in Schule und Gemeinde sowie zwischen Schule und Gemeinde</u>
    a) Überlegungen zu institutionalisierten Beteiligungs- und Arbeitsformaten innerhalb der Schule und zwischen den beteiligten Schulen:
        – Aspekte bei der Entscheidungsfindung: Partizipation – Repräsentation, Legitimation, Informationsfluss, Effizienz/Effektivität, Ressourceneinsatz
    b) Überlegungen zu institutionalisierten Beteiligungs- und Arbeitsformaten innerhalb der Schule:
    c) Überlegungen zu institutionalisierten Beteiligungs- und Arbeitsformaten zwischen den beteiligten Schulen und der/den beteiligten Gemeinde(n).

Modul 3: „Politiktag" und projektbezogene Sacharbeit

<u>Politiktag:</u> „Politik in unserer Gemeinde: praxis- und handlungsorientiert"

- Unsere Gemeinde und wir I: Meinungen, Einstellungen, Interessen und Veränderungswünsche der Schüler*innen - Austausch mit dem (Ober)Bürgermeister und Vertretern des Gemeinderats.
- Unsere Gemeinde und wir II: Wie kann ich meine Interessen und Veränderungswünsche in den Entscheidungsprozess in der Gemeinde einbringen? Partizipationsmöglichkeiten Jugendlicher
- Unsere Gemeinde und wir III: Vorschlag bzw. Vorstellung eines Konzepts zur Implementierung von Beteiligungs- und Arbeitsformaten

<u>Sacharbeit</u> zum gewählten Thema/ zu den gewählten Themen im Rahmen der gewählten Beteiligungs- und Arbeitsformate

Modul 4:

Erwerb relevanter inhalts- und prozessbezogener Kompetenzen im Fachunterricht und ggf. innerhalb weiterer Formate.

Praxis- und handlungsorientierte Umsetzung unter Einbeziehung der Angebote der LpB (Politische Tage, Planspiele etc.) sowie unter Einbeziehung von Praktikern wie Bürgermeister, Vertreter der Fraktionen im Gemeinderat, Vertreter der Formen von Jugendbeteiligung in der Gemeinde Vertreter der Verwaltung, Vertreter lokaler Medien

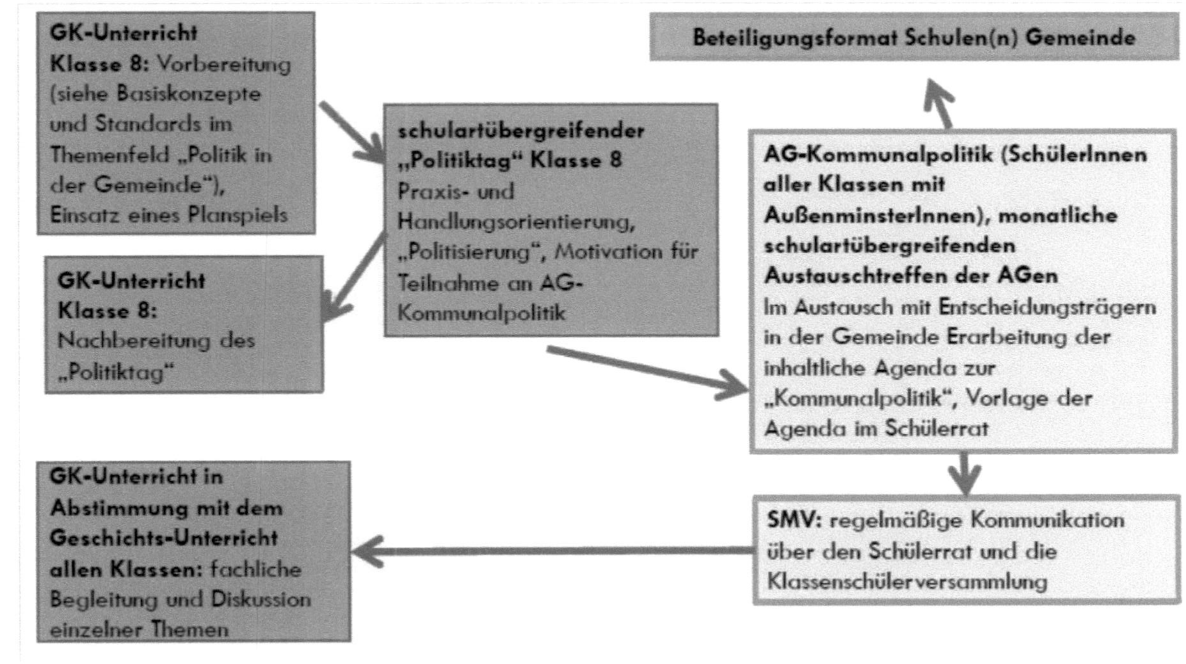
Beteiligungsformat Schulen(n) Gemeinde
GK-Unterricht
Klasse 8: Vorbereitung (siehe Basiskonzepte und Standards im Themenfeld „Politik in der Gemeinde"), Einsatz eines Planspiels
GK-Unterricht
Klasse 8: Nachbereitung des „Politiktag"
schulartübergreifender „Politiktag" Klasse 8
Praxis- und Handlungsorientierung, „Politisierung", Motivation für Teilnahme an AG-Kommunalpolitik
AG-Kommunalpolitik (SchülerInnen aller Klassen mit AußenminsterInnen), monatliche schulartübergreifenden Austauschtreffen der AGen
Im Austausch mit Entscheidungsträgern in der Gemeinde Erarbeitung der inhaltliche Agenda zur „Kommunalpolitik", Vorlage der Agenda im Schülerrat
SMV: regelmäßige Kommunikation über den Schülerrat und die Klassenschülerversammlung
GK-Unterricht in Abstimmung mit dem Geschichts-Unterricht allen Klassen: fachliche Begleitung und Diskussion einzelner Themen

Abbildung 9.6:2 Umsetzung der Beteiligungs- und Arbeitsformate zwischen Schule und Gemeinde, Kübler/Pomp (2017)

9.7 Onlinefragebogen

Seite 01

Deine Meinung ist uns wichtig!

Hey,

vielen Dank, dass Du Dir etwa 5 Minuten für diese Umfrage Zeit nimmst!

Wir möchten von Dir wissen, ob Du denkst, dass Du mitentscheiden kannst, Deine Meinung gehört wird und Du etwas beeinflussen kannst.

Mit Deiner Hilfe können wir Schulen, Gemeinden und Städte in Baden- Württemberg Informationen und Tipps geben, wie Kinder und Jugendliche (noch besser) mitbestimmen können.

Wichtig:

1. Dieser Fragebogen ist keine Prüfung. Beim Antworten kannst Du also nichts falsch machen. Hautsache, Du antwortest ehrlich.

2. Der Fragebogen ist anonym. Das heißt, niemand kann hinterher wissen welche Antworten von Dir und den anderen Jugendlichen stammen.

Bei Fragen kannst Du mir gerne eine Mail schreiben.

Los geht's! Vielen Dank für Deine Hilfe!

Viele Grüße

Christine

Christine Schweizer

Mail: Christine-Maria.Schweizer@stud.hs-kehl.de

1. Welches Geschlecht hast Du?

○ männlich
○ weiblich

2. Wie alt bist Du?

○ Unter 10 Jahren
○ 10-12 Jahre
○ 13-15 Jahre
○ 16-18 Jahre
○ Älter als 18 Jahre

3. Wo gehst Du zur Schule?

○ Waldshut-Tiengen
○ Gundelfingen
○ Waldkirch
○ Kirchzarten
○ Ettenheim
○ Stühlingen

4. Was für eine Schule besuchst Du?

○ Gesamtschule
○ Werkrealschule
○ Förderschule
○ SBBZ
○ Gymnasium
○ Realschule
○ Sonstige

Seite 03

5. Ich habe das letzte Mal mitbestimmt, als/bei:

Beschreibe kurz, bei was Du das letzte Mal mitbestimmt hast.

Wie stark kannst du bei Entscheidungen, in:

(Bitte je eine Angabe pro Zeile)

	in sehr hohem Maß	in hohem Maß	ein bisschen	in geringen Maß	in sehr geringem Maß	gar nicht
deinem Leben mitbestimmen	○	○	○	○	○	○
deiner Familie mitbestimmen	○	○	○	○	○	○
deiner Freizeit mitbestimmen	○	○	○	○	○	○
der Schule mitbestimmen	○	○	○	○	○	○
der Gemeinde/Stadt mitbestimmen	○	○	○	○	○	○

6. Ich habe das letzte Mal in der Schule/Gemeinde/Stadt mitbestimmt, als/bei:

Beschreibe kurz bei was Du das letzte Mal mitbestimmt hast.

Ich kann mitentscheiden bei/in:

(Bitte je eine Angabe pro Zeile)

	ja, in sehr hohem Maß	in hohem Maß	ein bisschen	in geringen Maß	in sehr geringem Maß	nein, gar nicht	ich nehme nicht teil
SMV/Schülervertretung	○	○	○	○	○	○	○
Vereinen/Verbänden	○	○	○	○	○	○	○
Freizeitgruppe (Band, Chor, Theater, Kunst...)	○	○	○	○	○	○	○
Jugendarbeit der Gemeinde	○	○	○	○	○	○	○
Verwaltung/Politik der Gemeinde	○	○	○	○	○	○	○
Jugendhaus/ Jugendbüro/ Jugendzentrum	○	○	○	○	○	○	○
kirchliche Jugendorganisation/Pfadfinder	○	○	○	○	○	○	○
Organisationen einer Partei	○	○	○	○	○	○	○
Feuerwehr	○	○	○	○	○	○	○
NGOs (z.B.: Greenpeace, Amnesty...)	○	○	○	○	○	○	○

Die folgenden Fragen betreffen das Beteiligungsprojekt in deiner Schule/Stadt/Gemeinde:

Ich konnte bei dem Kinder- und Jugendbeteiligungsprojekt...

- ○ mich informieren
- ○ mitdenken
- ○ meine Meinung äußern
- ○ mitentscheiden
- ○ selbständig Entscheidungen treffen

Wie wir unsere Projekte planen, das haben...

- ○ Erwachsene entschieden
- ○ Erwachsene entscheiden, nachdem sie uns nach unserer Meinung gefragt haben
- ○ wir alle gemeinsam entschieden
- ○ wir Kinder und Jugendliche entschieden

Wie wir unsere Projekte durchführen, das haben:

- ○ Erwachsene entschieden
- ○ Erwachsene entscheiden, nachdem sie uns nach unserer Meinung gefragt haben
- ○ Wir alle gemeinsam entschieden
- ○ Wir, Kinder und Jugendliche, entschieden

Ich kenne das Kinder- und Jugendbeteligungsprojekt meiner Schule/Gemeinde/Stadt.

Kirchzarten: Juparti;

Waldshut-Tiengen: 8er-Rat;

Waldkirch: Schulthementage/ Beteiligungswerkstatt/ AG Jugendbeteiligung

Gundelfingen: 8 Klasse Politiktag/ SMV AG Kommunalpolitik/ Außenminister

Ettenheim: 8 Klasse Politiktag/ Beteiligungswerkstatt

Stühlingen: Beteiligungswerkstatt/ Politiktag

○ ja
○ nein

Ich habe an dem Kinder- und Jugendbeteligungsprojekt meiner Schule/Gemeinde/Stadt teilgenommen.

Kirchzarten: Juparti;

Waldshut-Tiengen: 8er-Rat;

Waldkirch: Schulthementage/ Beteiligungswerkstatt/ AG Jugendbeteiligung

Gundelfingen: 8 Klasse Politiktag/ SMV AG Kommunalpolitik/ Außenminister

Ettenheim: 8 Klasse Politiktag/ Beteiligungswerkstatt

Stühlingen: Beteiligungswerkstatt/ Politiktag

○ ja
○ nein

Die folgenden Aussagen betreffen das Beteiligungsprojekt an deiner Schule/ deinem Wohnort.

(Bitte je eine Angabe pro Zeile)

	trifft voll und ganz zu	trifft zu	trifft ein bisschen zu	trifft eher nicht zu	trifft nicht zu	trifft überhaupt nicht zu
Ich habe mich freiwillig am Projekt beteiligt.	○	○	○	○	○	○
Ich war motiviert mitzumachen.	○	○	○	○	○	○
Ich wusste was die Ziele des Projektes sind.	○	○	○	○	○	○
Wir haben die Ziele gemeinsam festgelegt.	○	○	○	○	○	○
Meine Meinung und meine Ideen war wichtig.	○	○	○	○	○	○
Ich wusste was meine Aufgabe war	○	○	○	○	○	○

Die folgenden Aussagen betreffen das Beteiligungsprojekt an deiner Schule/ deinem Wohnort.

(Bitte je eine Angabe pro Zeile)

	trifft voll und ganz zu	trifft zu	trifft ein bisschen zu	trifft eher nicht zu	trifft nicht zu	trifft überhaupt nicht zu
Ich habe alle Informationen erhalten, welche ich zur Planung und Umsetzung gebraucht habe.	○	○	○	○	○	○
Die Themen des Projektes waren mir wichtig.	○	○	○	○	○	○
Bei Fragen und Anmerkungen wurde ich von den Erwachsenen ernst genommen.	○	○	○	○	○	○
Der zeitliche Aufwand für das Projekt war gut machbar.	○	○	○	○	○	○

Die folgenden Aussagen betreffen das Beteiligungsprojekt an deiner Schule/ deinem Wohnort.

(Bitte je eine Angabe pro Zeile)

	trifft voll und ganz zu	trifft zu	trifft ein bisschen zu	trifft eher nicht zu	trifft nicht zu	trifft überhaupt nicht zu
Ich habe durch das Projekt neue SchülerInnen kennengelernt.	○	○	○	○	○	○
In der Schule wurden wir auf das Projekt vorbereitet.	○	○	○	○	○	○
Ich bin stolz darauf Teil eines Projektes zu sein.	○	○	○	○	○	○
Beim Zusammenarbeiten war mir immer klar um was es geht und was wir als nächstes machen.	○	○	○	○	○	○
Der Ort, an dem das Projekt stattgefunden hat, hat mir gut gefallen.	○	○	○	○	○	○
Das Projekt hat mir Spaß gemacht.	○	○	○	○	○	○

Die folgenden Aussagen betreffen das Beteiligungsprojekt an deiner Schule/ deinem Wohnort.

(Bitte je eine Angabe pro Zeile)

	trifft voll und ganz zu	trifft zu	trifft ein bisschen zu	trifft eher nicht zu	trifft nicht zu	trifft überhaupt nicht zu	weiß ich nicht
Ich konnte entscheiden welche Themen und Inhalte bei dem Projekt besprochen werden.	○	○	○	○	○	○	○
Die Wahl, wer bei dem Projekt mitmachen darf, ist fair abgelaufen. (Falls es keine Wahl gab, ganz rechts ankreuzen)	○	○	○	○	○	○	○
Wenn man nicht gewählt wurde, hatten man trotzdem die Chance sich für das Projekt anzumelden. (Falls es keine Wahl gab, ganz rechts ankreuzen)	○	○	○	○	○	○	○
Jeder aus meiner Gruppe konnte mit reden und es wurde ihm/ihr zugehört.	○	○	○	○	○	○	○
Die Erwachsenen haben sich bemüht, dass niemand ausgeschlossen wurde.	○	○	○	○	○	○	○
Das was ich gesagt habe, wurde vertraulich behandelt. Also niemandem ohne mein Einverständnis gesagt.	○	○	○	○	○	○	○
Bei Konflikten oder Fragen habe ich gewusst, an wen ich mich wenden kann.	○	○	○	○	○	○	○
Wenn etwas nicht funktioniert hat, haben wir das gemeinsam besprochen und Lösungen gesucht.	○	○	○	○	○	○	○

Die folgenden Aussagen betreffen das Beteiligungsprojekt an deiner Schule/ deinem Wohnort.

(Bitte je eine Angabe pro Zeile)

	trifft voll und ganz zu	trifft zu	trifft ein bisschen zu	trifft eher nicht zu	trifft nicht zu	trifft überhaupt nicht zu
Die Dinge, welche wir geplant haben, wurden umgesetzt oder werden bald umgesetzt.	○	○	○	○	○	○
Wenn von Erwachsenen bei dem Projekt etwas versprochen wurde, wurde das auch eingehalten.	○	○	○	○	○	○
Wir haben nach dem Projekts gemeinsam über Erfolge und Probleme gesprochen.	○	○	○	○	○	○
Ich finde es wichtig, dass es so ein Projekt in meiner Schule/Gemeinde/Stadt gibt.	○	○	○	○	○	○
Ich würde beim nächsten Mal wieder mitmachen.	○	○	○	○	○	○

Ich würde zukünftig gerne mehr mitentscheiden

(Bitte je eine Angabe pro Zeile)

	trifft voll und ganz zu	trifft zu	trifft ein bisschen zu	trifft eher nicht zu	trifft nicht zu	trifft überhaupt nicht zu	es ist gut so, wie es ist.
in meinem Leben (allgemein)	○	○	○	○	○	○	○
in meiner Familie	○	○	○	○	○	○	○
in meiner Freizeit	○	○	○	○	○	○	○
in meiner Klasse	○	○	○	○	○	○	○
in der Schule	○	○	○	○	○	○	○
in der Gemeinde/ Stadt"	○	○	○	○	○	○	○

7. Durch das Projekt weiß ich jetzt besser was Beteiligung/Mitbestimmung bedeutet.

○ nein

○ ja, Beteiligung/ Mitbestimmung bedeutet:

Bitte beschreibe kurz, was für dich Beteiligung/Mitbestimmung ist.

8. Durch das Projekt weiß ich jetzt besser was Demokratie bedeutet.

○ nein

○ ja, Demokratie bedeutet:

Bitte beschreibe kurz, was für dich Demokratie ist.

9. An dem Projekt müsste sich folgendes ändern:

10. Am besten gefällt mir an dem Projekt, dass:

Herzlichen Dank für Ihre Teinahme an der Befragung. Falls Die Interesse an den Ergebnissen der Befragung hast, kannst Du gerne eine Zusammenfassung per Mail erhalten.

Falls Du eine Zusammenfassung der Ergebnisse möchtest, schicke bitte eine Mail an:
christine-maria.schweizer@stud.hs-kehl.de

Vielen Dank für die Beantwortung der Fragen.

Bei Fragen oder Anregungen kannst Du dich gerne an mich wenden.

Viele Grüße

Christine

Christine Schweizer

Mail: Christine-Maria.Schweizer@stud.hs-kehl.de

Christine Schweizer, Landeszentrale für politische Bildung, Regierungspräsidium Freiburg, HS Kehl – 2018